Conteúdo digital exclusivo!

Cadastre-se e transforme seus estudos em uma experiência única de aprendizado!

Acesse agora

Portal:

www.editoradobrasil.com.br/crescer

Código de aluno:

3988549A1715652

CB037204

Editora do Brasil

Katia Mantovani

CRESCER

Ciências

4º ano

75 anos

Editora
do Brasil

Dados Internacionais de Catalogação na Publicação (CIP)
(Câmara Brasileira do Livro, SP, Brasil)

Mantovani, Katia
    Crescer ciências, 4º ano / Katia Mantovani. –
1. ed. – São Paulo: Editora do Brasil, 2018. –
(Coleção crescer)

    ISBN 978-85-10-06796-6 (aluno)
    ISBN 978-85-10-06797-3 (professor)

    1. Ciências (Ensino fundamental) I. Título. II.
Série.

18-15349   CDD-372.35

Índices para catálogo sistemático:
1. Ciências: Ensino fundamental 372.35
Maria Alice Ferreira – Bibliotecária – CRB-8/7964

1ª edição, 1ª impressão, 2018
Impresso no Parque Gráfico da Editora FTD

Editora do Brasil

Rua Conselheiro Nébias, 887
São Paulo/SP – CEP 01203-001
Fone: +55 11 3226-0211
www.editoradobrasil.com.br

abdr
ASSOCIAÇÃO BRASILEIRA DOS DIREITOS REPROGRÁFICOS
Respeite o direito autoral

Direção-geral: Vicente Tortamano Avanso

Direção editorial: Felipe Ramos Poletti
Gerência editorial: Erika Caldin
Coordenação de arte: Cida Alves
Supervisão de revisão: Dora Helena Feres
Supervisão de iconografia: Léo Burgos
Supervisão de digital: Ethel Shuña Queiroz
Supervisão de controle de processos editoriais: Marta Dias Portero
Supervisão de direitos autorais: Marilisa Bertolone Mendes

Supervisão editorial: Angela Sillos
Coordenação pedagógica: Maria Cecília Mendes de Almeida
Consultoria técnico-pedagógica: Margareth Polido e Maria Regina de Campos
Edição: Luciana Keler M. Corrêa e Rafael Braga de Almeida
Assistência editorial: Ana Caroline Rodrigues de M. Santos
Coordenação de revisão: Otacilio Palareti
Copidesque: Liege Marucci
Revisão: Alexandra Resende, Andréia Andrade, Elaine Cristina da Silva e Maria Alice Gonçalves
Pesquisa iconográfica: Amanda Felicio, Léo Burgos e Tatiana Lubarino
Assistência de arte: Carla Del Matto
Design gráfico: Andrea Melo
Capa: Megalo Design e Patrícia Lino
Imagem de capa: Márcia Braun Novak
Ilustrações: André Valle, Cristiano Lopez, Dawidson França, Douglas Ferreira, Eduardo Belmiro, Luiz Eugenio, Marcos de Mello, Mauro Salgado, Paula Lobo, Paulo Márcio Esper, Reinaldo Vignati e Vagner Coelho
Produção cartográfica: Alessandro Passos da Costa, DAE (Departamento de Arte e Editoração)
Coordenação de editoração eletrônica: Abdonildo José de Lima Santos
Editoração eletrônica: Nelson/Formato Comunicação
Licenciamentos de textos: Cinthya Utiyama, Jennifer Xavier, Paula Harue Tozaki e Renata Garbellini
Controle de processos editoriais: Bruna Alves, Carlos Nunes, Jefferson Galdino, Rafael Machado e Stephanie Paparella

Querido aluno,

Este livro foi feito pensando em você. O conteúdo selecionado e as atividades propostas têm o objetivo de ajudá-lo a compreender diferentes fenômenos que acontecem na natureza.

Esperamos que você aceite nossos desafios e questione, reflita, procure soluções e, por fim, faça novas perguntas sobre os fatos científicos. Esperamos também que essas vivências se juntem às suas experiências e contribuam para seu desenvolvimento escolar.

Com carinho,

A autora

Lorelyn Medina/Shutterstock.com

Sumário

Andrey Apoev/Shutterstock.com

Jemastock/Shutterstock.com

Lorelyn Medina/Shutterstock.com

Energia

Circule as situações em que a **energia** é utilizada pelos moradores desta casa.

Paulo Márcio Esper

🌿 Energia para quê?

Bia e Beto chegaram da escola com muita sede. Enquanto lavam as mãos para almoçar, o pai deles resolve fazer um suco de laranja.

Ele pega o espremedor elétrico e o manual e, antes de começar a espremer as frutas, pergunta aos filhos:

QUAL DELES PRECISA DE ENERGIA PARA FUNCIONAR?

Espremedor de frutas elétrico.

Espremedor de frutas manual.

– O espremedor elétrico, lógico! – Beto respondeu.

Bia parou para pensar e disse:

– Acho que os dois espremedores precisam de energia para funcionar!

 Pense e converse

• Qual dos irmãos estava com a razão? Por quê?
Comente suas ideias com os colegas e o professor.

A pergunta feita pelo pai de Bia e de Beto foi sobre energia.

Você sabia que a energia está presente na vida das pessoas em muitos outros momentos? Veja.

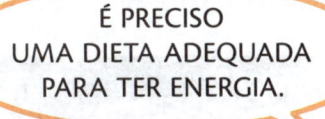

1. As imagens a seguir estão relacionadas à energia. Observe cada uma com atenção e escolha a que preferir. Depois escreva uma frase para explicar como essa imagem pode estar relacionada à energia.

Pessoa martelando um prego.

Painel solar sobre o telhado de uma casa.

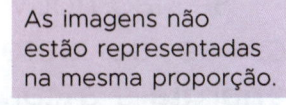

As imagens não estão representadas na mesma proporção.

Automóvel em estrada.

_____

_____

_____

_____

Vimos que a energia está presente o tempo todo na vida das pessoas.

Agora, pense na seguinte questão: O que é energia?

O que é energia?

Antes de responder a essa questão, observe as imagens que mostram outras situações relacionadas à energia.

A energia permite que a criança corra.

Para esquentar a água, foi preciso energia.

Para deformar a garrafa PET, foi preciso energia.

Se não houver energia, nenhum corpo pode se movimentar, aquecer-se ou deformar-se. Em outras palavras, pode-se afirmar que **energia** é a capacidade de um corpo de realizar uma ação.

Tipos de energia

A energia pode se apresentar de diferentes formas. Cada uma dessas formas é um **tipo de energia**.

Que tipo de energia você reconhece nas imagens abaixo? Converse com os colegas e o professor. Depois, escreva os tipos de energia que vocês identificaram.

_____   _____

_____   _____

Energia solar

A energia solar é a energia do **Sol**, que chega até a Terra como luz – **energia luminosa** – e como calor – **energia térmica**.

Uma vela acesa e uma fogueira também são fontes de energia luminosa e energia térmica.

O Sol aquece o planeta Terra e clareia os ambientes.

A vela acesa também é fonte de energia luminosa e de energia térmica.

Energia eólica

O brinquedo ao lado é chamado cata-vento.

Para brincar com o cata-vento e fazê-lo girar é preciso haver força do **vento**. A energia obtida do vento é chamada **energia eólica**.

Complexo Eólico União dos Ventos. São Miguel do Gostoso, Rio Grande do Norte, 2015.

Além de energia luminosa, térmica e eólica, há outras formas de energia.

Energia sonora

O **som** percebido pela audição é **energia sonora**.

O som é composto de ondas sonoras. Essas ondas precisam de um meio para se propagar, que pode ser o ar ou a água.

A orelha capta a energia sonora emitida pelo violino.

Energia de movimento

A **energia de movimento** está relacionada ao movimento de alguém ou algo, como uma pessoa ou um objeto.

A bola de basquete em direção à cesta é resultado da energia do movimento.

Energia elétrica

A **energia elétrica** é obtida por meio de diferentes fontes, como vento, água e raios solares.

Essa energia é utilizada em diversos equipamentos, como geladeira, forno micro-ondas e ferro de passar.

Para funcionar, esse espremedor precisa de energia elétrica.

Energia dos alimentos

A energia de que as pessoas necessitam para viver e fazer as atividades do dia a dia é obtida dos alimentos. A **energia dos alimentos** é classificada como **energia química**.

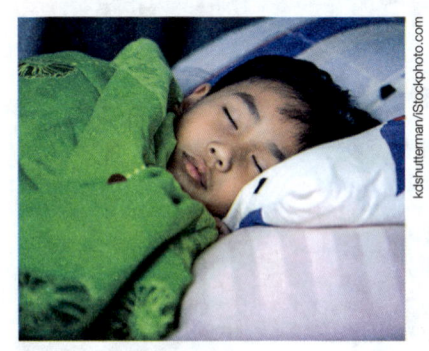
Criança dormindo.

Criança lendo.

Criança jogando bola.

Volte à página 8. Você concluiu que Bia estava certa? A energia é necessária para utilizar os dois aparelhos. A energia que movimenta o espremedor elétrico é a elétrica e a que movimenta o braço para atuar sobre o espremedor manual é a energia química.

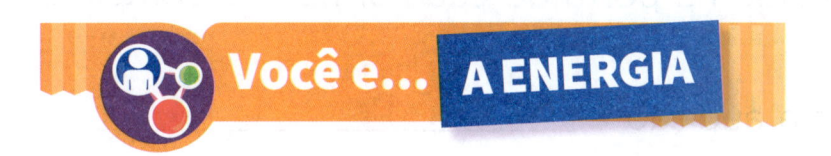
Você e... A ENERGIA

Desenhe uma situação em que seu corpo esteja utilizando:

a) muita energia.

b) pouca energia.

Marcos de Mello

1. Ordene as letras que estão na porta de cada armário e complete as frases.

   a) O som percebido pela audição é _____.

   b) A energia do Sol que chega até a Terra como luz é chamada de

   _____.

   c) A energia do Sol que chega até a Terra como calor é chamada

   de _____.

   d) A energia que os seres humanos necessitam para viver é obtida

   dos _____.

2. Que frase está escrita na porta da geladeira?

   _____

3. Na paisagem vista da janela há um tipo de equipamento. Que tipo de energia ele produz? Como ela é obtida?

   _____

Conservação de energia

russwitherington1/iStockphoto.com & Pixar

Pense em uma TV ligada na tomada. Para funcionar, ela precisa de energia elétrica. Nesse caso, essa forma de energia se **transforma** em imagem – energia luminosa – e em som – energia sonora.

Na televisão ocorre transformação de energia.

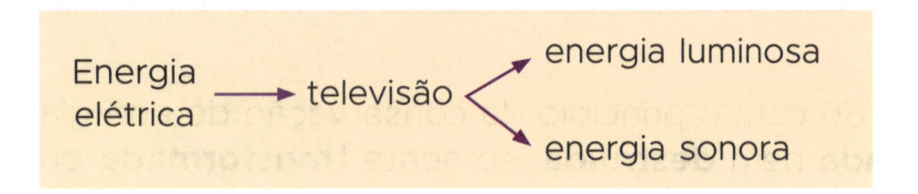

Energia elétrica → televisão < energia luminosa / energia sonora

E, se você chegar perto dessa TV, perceberá que ela está mais quente: é energia térmica.

1. Agora, complete este quadro sobre transformação da energia.

Equipamento	Recebe energia	Transforma em energia
máquina de lavar		
batedeira		
ferro de passar		
rádio-relógio		

Você percebeu que a energia se transforma, passando de uma forma para outra? Ao se transformar, a energia se **conserva**, porque apenas muda de forma. Observe o esquema a seguir.

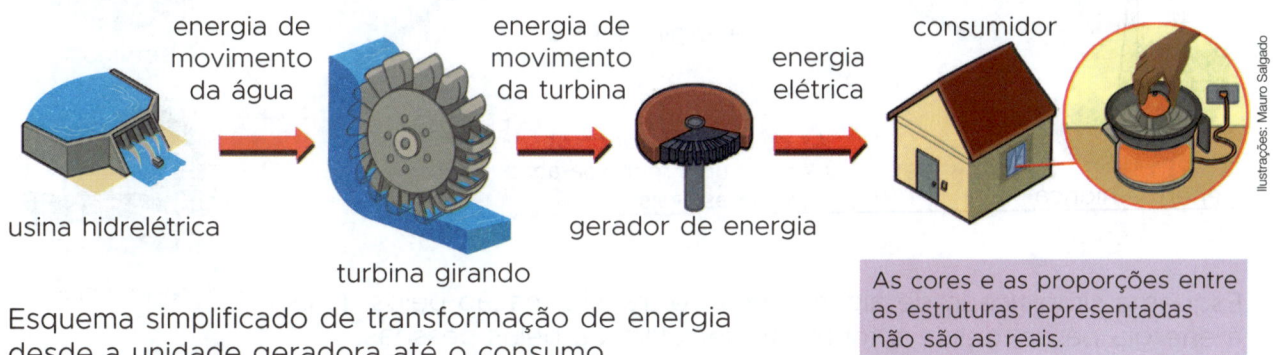

energia de movimento da água — energia de movimento da turbina — energia elétrica — consumidor

usina hidrelétrica — turbina girando — gerador de energia

Ilustrações: Mauro Salgado

Esquema simplificado de transformação de energia desde a unidade geradora até o consumo.

As cores e as proporções entre as estruturas representadas não são as reais.

2. Com base no esquema da página anterior, escreva as palavras que faltam no texto a seguir.

- Na usina _____, a energia do movimento

  da _____ faz a turbina girar. Esse movimento aciona o

  _____ de energia, que libera a _____

  elétrica que chega ao _____. Assim, é possível

  concluir que a energia de _____ transformou-

  -se em energia _____.

De acordo com o princípio da conservação de energia, ela não pode ser **criada** nem **destruída**, somente **transformada** ou **transferida**.

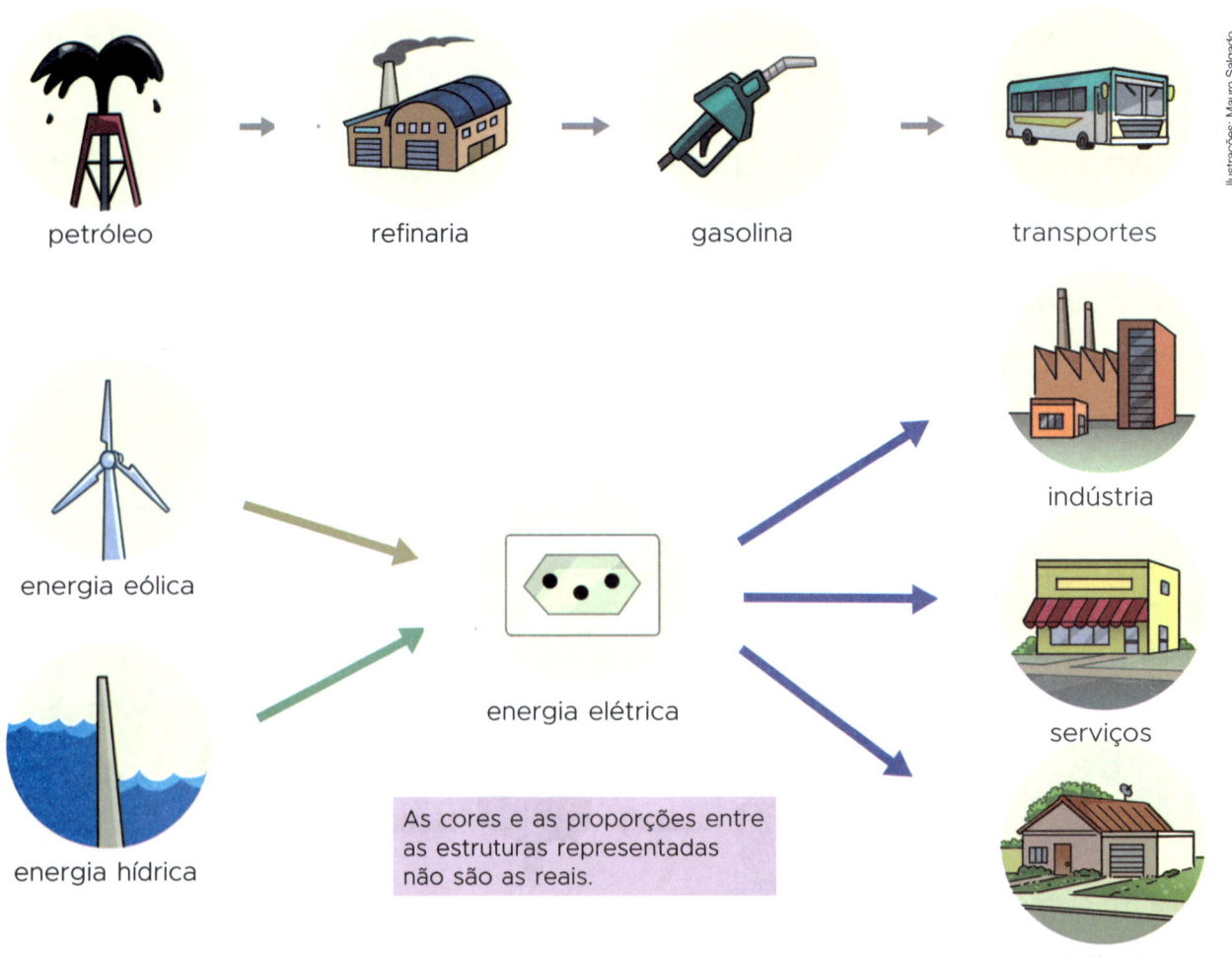

petróleo → refinaria → gasolina → transportes

energia eólica

energia hídrica

energia elétrica

indústria

serviços

residências

As cores e as proporções entre as estruturas representadas não são as reais.

Ilustrações: Mauro Salgado

Esquema simplificado de alguns tipos de transformação pelos quais a energia passa, desde a fonte até ser utilizada pelas pessoas.

3. Observe as imagens e escreva por qual transformação a energia passa em cada uma delas.

_____

_____

_____

_____

Fontes de energia

As pessoas conseguem obter energia de diferentes **fontes**.

A imagem ao lado representa algumas dessas fontes.

- Relacione as letras do esquema com a fonte de energia que cada uma delas representa.

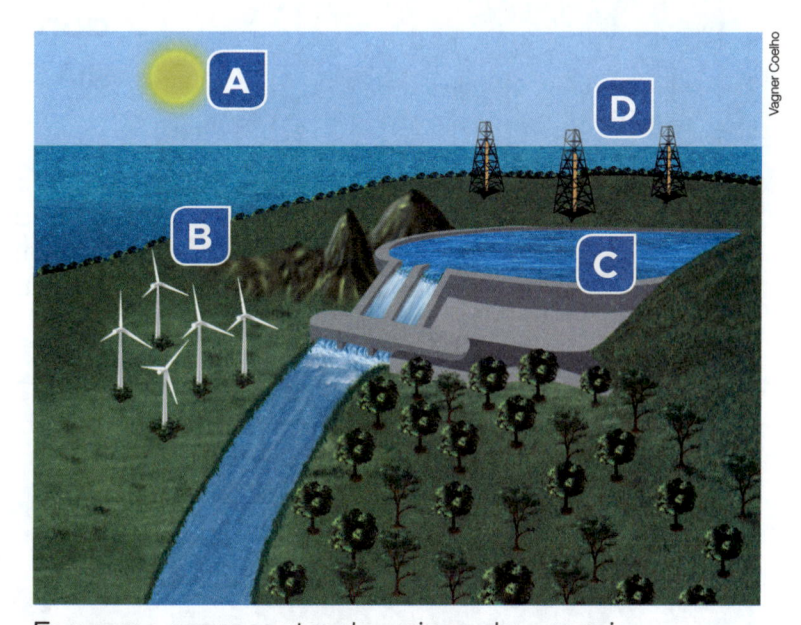

Esquema representando usinas de energia.

☐ Sol   ☐ vento

☐ água   ☐ petróleo

As cores e as proporções entre as estruturas representadas não são as reais.

O **Sol**, a **água**, o **vento**, o **petróleo**, o **gás natural** e o **carvão** são exemplos de fontes de energia.

Algumas fontes de energia estão sempre se renovando, ou seja, elas não terminam nem se esgotam. São fontes de energia **renováveis**. É o caso, por exemplo, da energia do Sol. Todos os dias, ele transmite energia para a Terra. Além do Sol, a água e o vento também são fontes renováveis.

Outras fontes de energia não são repostas à medida que são utilizadas. O petróleo, o gás natural e o carvão são exemplos. Eles são fontes **não renováveis**.

Usinas geradoras de energia

Você já sabe que existem diferentes tipos de energia e que a energia é obtida de diversas fontes. Para a energia dessas fontes ser utilizada pelas pessoas, ela é transformada nas chamadas **usinas**.

Usina eólica

Nessas usinas, a energia do **vento** é captada pelos **aerogeradores** e transformada em energia elétrica.

Complexo Eólico Caetés da Casa dos Ventos. Caetés, Pernambuco, 2015.

As cores e as proporções entre as estruturas representadas não são as reais.

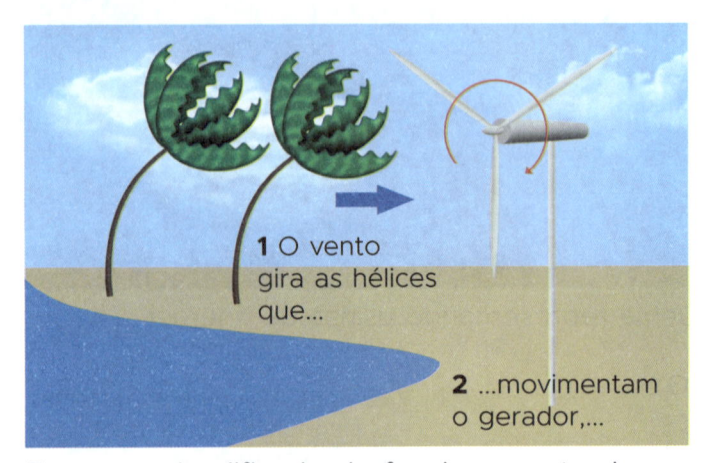

1 O vento gira as hélices que...

2 ...movimentam o gerador,...

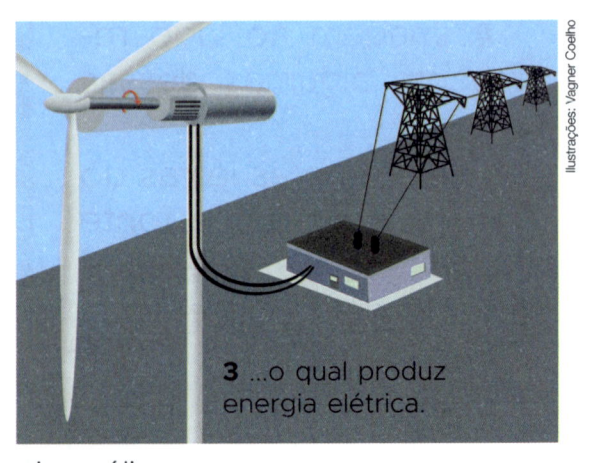

3 ...o qual produz energia elétrica.

Esquema simplificado do funcionamento de uma usina eólica.

Usina hidrelétrica

Nas **usinas hidrelétricas** a força das **quedas-d'água** é usada para a geração de energia elétrica.

As usinas hidrelétricas são a principal fonte de produção de energia elétrica no Brasil. Uma das explicações para esse fato é a quantidade de rios existentes no país. Em geral, as quedas-d'água naturais não são aproveitadas. Costuma-se construir barragens para interromper o curso de um rio e formar uma **represa**, que é um reservatório de água.

Barragem de Itaipu. Foz do Iguaçu, Paraná, 2013.

1 A água fica acumulada em uma represa.

As cores e as proporções entre as estruturas representadas não são as reais.

4 As turbinas colocam os geradores em funcionamento. Esses geradores produzem energia elétrica.

2 Depois desce em alta velocidade através da tubulação.

3 No final dessa descida, há uma turbina cujas pás giram por causa da velocidade da água.

5 Da usina, a eletricidade é transportada através de fios bem grossos, chamados cabos, até chegar a diferentes locais, como residências, indústrias e hospitais. Os cabos podem passar sob a terra ou por torres bem altas, que recebem o nome de torres de alta tensão.

Esquema simplificado de uma usina hidrelétrica.

Queda de objetos na areia

Esta atividade será feita em grupos de quatro alunos.

Ao iniciar a atividade, converse com os colegas de grupo sobre as questões a seguir. Registre as ideias de vocês.

1. O que acontece com a areia se um objeto cair sobre ela de uma altura de 50 cm?

_____

2. E se o mesmo objeto cair de uma altura maior, o que vai acontecer com a areia?

_____

3. E se vocês deixarem um objeto mais pesado cair na areia de uma altura de:

a) 50 cm? _____

b) 1 m? _____

Na aula indicada pelo professor, tragam os itens necessários para o experimento a seguir.

Material:

- 1 caixa de sapato com areia até a metade da altura;
- 1 fita métrica de costureira;
- 1 régua;
- 6 objetos pequenos com formas e pesos diferentes. Exemplos: borracha, copo plástico, anel e caneta.

As cores e as proporções entre as estruturas representadas não são as reais.

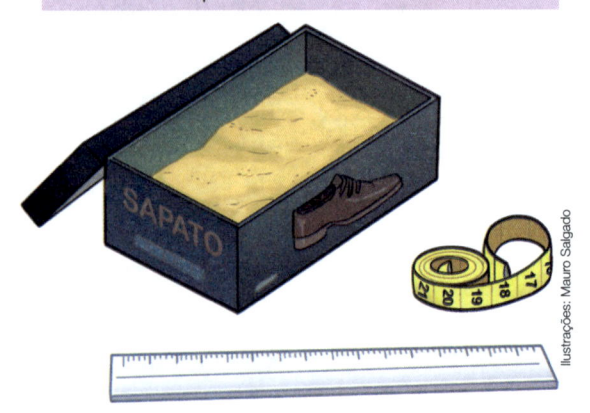

Ilustrações: Mauro Salgado

Modo de fazer

1. Utilize a fita métrica e o lápis para marcar na parede as duas alturas utilizadas no experimento: 50 cm e 1 m.

2. Deixem cada objeto cair, um por vez, na caixa de areia.

3. Observem o que acontece com a areia e anotem no **quadro** abaixo.

4. Atenção! A cada queda, depois de feitas as observações, nivelem a areia usando uma régua.

5. Quando terminarem a atividade, apaguem as marcas feitas na parede com o lápis.

Altura: 50 cm	Resultado	Altura: 1 m	Resultado
Objeto 1		Objeto 1	
Objeto 2		Objeto 2	
Objeto 3		Objeto 3	
Objeto 4		Objeto 4	
Objeto 5		Objeto 5	
Objeto 6		Objeto 6	

Confrontem as hipóteses que vocês levantaram na conversa em grupo com os resultados obtidos no experimento.

Conclusão

As hipóteses foram confirmadas? Conversem com o professor e os colegas dos demais grupos.

Finalizem a atividade completando a frase a seguir de forma que ela fique correta.

A energia de _____ de um corpo em

_____ sobre uma superfície coberta com areia deforma e desloca a areia; como isso acontece depende da massa do corpo

e da _____ da queda.

1. Relacione as colunas.

A	Pode ser ouvida.	☐ energia química
B	Captada pelos aerogeradores.	☐ energia eólica
C	Mantém o ser humano vivo.	☐ energia sonora

2. Classifique em **renovável** ou **não renovável** as fontes de energia mostradas no quadro.

As imagens não estão representadas na mesma proporção.

Fontes de energia	Renovável	Não renovável

Ilustrações: Mauro Salgado

3. Encontre quatro exemplos de fontes de energia entre as palavras que formam os fios dos postes.

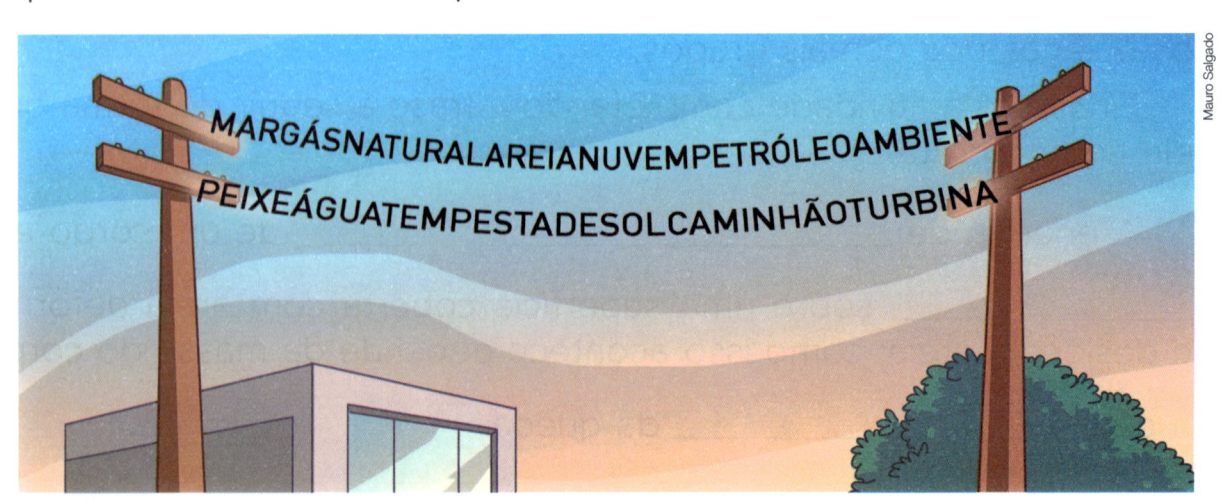

MARGÁSNATURALAREIANUVEMPETRÓLEOAMBIENTE
PEIXEÁGUATEMPESTADESOLCAMINHÃOTURBINA

Mauro Salgado

O que estudamos

- A energia está presente na vida das pessoas em diversos momentos.
- Energia é a capacidade que um corpo tem de realizar uma ação.
- Existem diferentes tipos de energia, como solar, eólica, sonora, de movimento, elétrica e química.
- A energia sempre se transforma, ou seja, passa de uma forma para outra.
- É possível obter energia de diversas fontes, como o Sol, a água, o vento, o petróleo, o gás natural e o carvão.
- O Sol, a água e o vento são fontes de energia renováveis: elas podem ser repostas pela natureza. O petróleo é uma fonte não renovável.
- Para ser utilizada pelas pessoas, a energia precisa ser transformada nas usinas; a usina eólica e a usina hidrelétrica são exemplos de usinas.

As plantas utilizam a energia do Sol.

Serg_Velusceac/iStockphoto.com

Retomada

1. Nas imagens a seguir estão representadas três fontes de energia. Escreva o nome de cada uma delas e indique se são fontes renováveis ou não.

As imagens não estão representadas na mesma proporção.

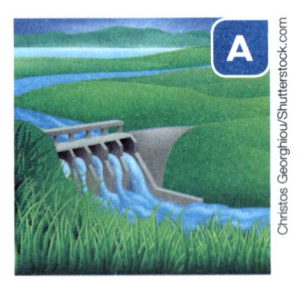

Christos Georghiou/Shutterstock.com

John Takai/Dreamstime.com

matrioshka/Shutterstock.com

_____

_____

_____

2. Responda às perguntas para lembrar o que você estudou nesta unidade.

a) O que quer dizer energia?

_____

_____

b) É possível criar energia? Explique.

_____

_____

_____

c) Qual é a diferença entre fontes de energia renováveis e fontes de energia não renováveis?

_____

_____

_____

3. Ajude um aluno de Ciências a organizar as fichas de estudo dele. Em cada uma, escreva o título do assunto resumido.

O Sol, a água e o vento são exemplos de fontes de energia que podem ser repostas pela própria natureza.

O petróleo, o gás natural e o carvão são exemplos dessas fontes de energia.

4. Qual é o principal tipo de energia envolvido em cada situação retratada abaixo?

juliaph/iStockphoto.com

Garsya/iStockphoto.com

granata68/Shutterstock.com

elkor/iStockphoto.com

Periscópio

📖 Para ler

A História da Eletricidade, de Jacqui Bailey e Matthew Lilly. São Paulo: DCL, 2008. (Coleção Ciência Viva). Esse livro conta a história de como a eletricidade é gerada. Veja como ela percorre o país num piscar de olhos para entrar em nossas casas e o que acontece quando alguma coisa dá errado.

Corrida da energia, de Eduardo Junqueira. Rio de Janeiro: Arte Ensaio, 2015.
Livro que se desdobra em um jogo de tabuleiro mostra às crianças os caminhos que cabos e fios percorrem para conduzir energia.

O Pinguim de Geladeira, a Preguiça e a Energia, de Sérgio Merli. São Paulo: Melhoramentos, 2014.
Fábula sem texto em que os personagens têm diferentes comportamentos quanto ao consumo de energia. Ao ler este livro, você conhecerá melhor o uso consciente da energia elétrica.

👆 Para acessar

De onde vem a energia elétrica?
As dúvidas de Kika sobre a origem da energia elétrica são esclarecidas nesse vídeo.
Disponível em: <http://tvescola.mec.gov.br/tve/video/de-onde-vem-de-onde-vem-a-energia-eletrica>. Acesso em: 27 nov. 2017.

UNIDADE 2

Transformações dos materiais

Você já usou um laboratório na escola?

Uma turma de 4º ano foi visitar o laboratório representado a seguir. Alguém desenhou a sala, mas deixou passar oito erros.

- Contorne as oito diferenças entre a figura **A** e a **B**.

Figura A

Ilustrações: Marcos de Mello

Figura B

Materiais

Após o final de semana, Juliano e sua irmã, Letícia, estavam se preparando para ir à escola.

Quando Letícia foi colocar o lanche na lancheira viu algo que não esperava e foi falar com seu irmão.

SEXTA-FEIRA, COMI PARTE DA MAÇÃ E ESQUECI O RESTANTE DENTRO DA LANCHEIRA!

Ilustrações: Cristiano Lopez

IH! VEJA COMO ELA FICOU!

POR QUE SERÁ QUE ISSO ACONTECEU?

kzww/Shutterstock.com

 Pense e converse

- O que aconteceu com a maçã?
- Por que ela ficou com esse aspecto?

Comente suas ideias com os colegas e o professor.

28

De que o objeto é feito?

Observe estes **objetos** e responda às questões.

1. Qual é o nome deles? Para que servem?

 **1**

 **2**

 **3**

_____

2. De que **material** é feito:

a) o objeto 1? _____

b) o objeto 2? _____

c) o objeto 3? _____

3. De que outros materiais um objeto como o da imagem pode ser feito?

_____

4. Que materiais você usaria para fabricar:

a) um copo? Justifique sua resposta.

_____

_____

b) um caderno? Justifique sua resposta.

_____

5. Você fabricaria um guarda-chuva de papel? Por quê?

_____

_____

Como funciona o palito de fósforo?

O palito queima porque sua cabeça é feita de substâncias que fazem a faísca do atrito com a caixinha virar chama. Aí, o fogo consome a madeira do palito por uns 10 segundos. O processo é bem conhecido: a gente risca o palito na caixa e produz uma faísca, que faz as substâncias inflamáveis do palito entrar em **combustáo**. Quem descobriu essas propriedades químicas foi o físico inglês Robert Boyle, em 1669. Mas o palito de fósforo só foi criado em 1826, quando surgiram uns palitões de 8 centímetros apresentados pelo químico inglês John Walker [...]. Mas esses fósforos grandões tinham um grande inconveniente: todas as substâncias necessárias para a queima ficavam na cabeça do artefato. Aí, qualquer raspada dos palitos na calça fazia o troço pegar fogo. A solução surgiu em 1855, quando o industrial sueco Johan Edvard Lundstrom inventou os chamados "fósforos de segurança" que a gente usa até hoje. A sacada de Lundstrom foi colocar uma parte das substâncias para a queima no fósforo e outra na caixinha. É por isso que os palitos não se incendeiam quando você os raspa em qualquer lugar!

[...]

Sequência de imagens que mostram a combustão do palito de fósforo.

> **Combustão:** reação química que produz calor e luz.

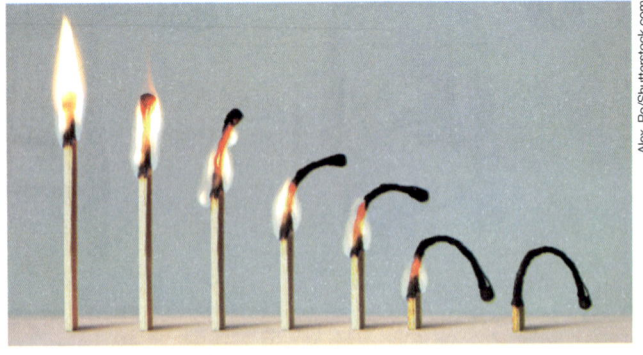

Os palitos de fósforo atuais precisam ser raspados na caixa para que entrem em combustão.

Como funciona o palito de fósforo? Publicação: *Mundo Estranho*. Data: 01/02/2006. Edição: 48 Página(s): 54-55. Crédito: Fernando Badô/Abril Comunicações S.A

Você já viu um esquema como este? Sabe ler as informações que ele apresenta?

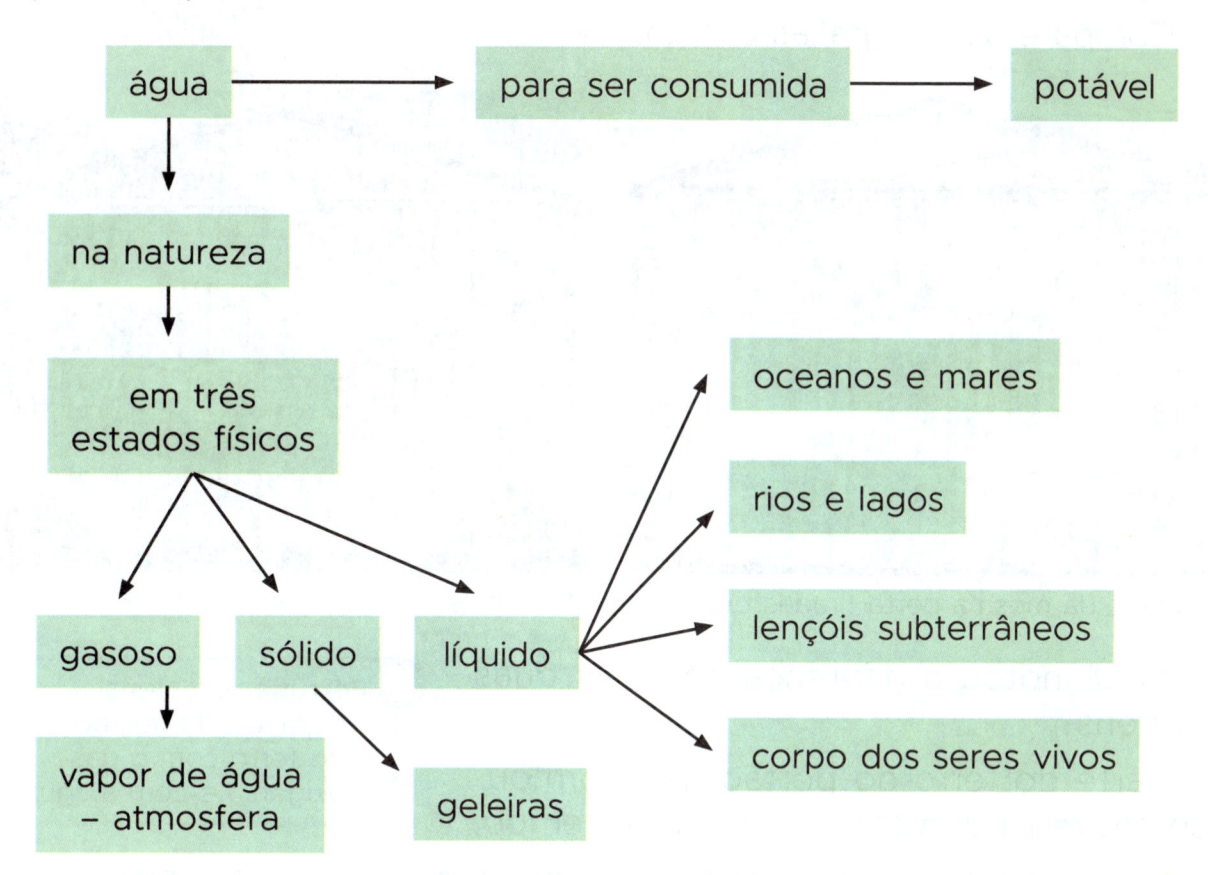

Esse tipo de esquema é chamado **mapa conceitual**. Ele apresenta os conteúdos estudados de forma que sejam percebidas, por meio das setas, as relações entre eles.

Por exemplo, se você fizer a leitura para baixo a partir da palavra "água", saberá que na natureza a água existe em três estados físicos: sólido, líquido e gasoso.

Reúna-se com um colega e, juntos, escrevam as outras informações que podem ser obtidas ao analisar esse mapa conceitual.

_____

_____

_____

Transformações da matéria

Como acontece com a energia, a matéria que forma os objetos e os corpos não pode ser criada nem destruída, apenas transformada. Essa propriedade recebe o nome de **indestrutibilidade da matéria**.

Compare as fotografias abaixo.

Imagens da mesma porta tiradas em épocas diferentes.

Você notou a diferença entre as duas imagens?

Parte do ferro do portão transformou--se em **ferrugem** com o passar do tempo.

> **Ferrugem:** material formado da reação do ferro com o gás oxigênio e com a água.

Com a palha de aço pode acontecer a mesma coisa. Veja:

Parte da palha de aço também se transforma em ferrugem.

1. Pense nas seguintes questões: A ferrugem pode voltar a ser palha de aço? E a porta, existe algum produto que faça o ferro se formar novamente?

Comente suas ideias com os colegas e o professor.

Observe as duas sequências de imagens a seguir. Cada uma representa uma transformação da matéria.

Gelo em processo de derretimento.

As imagens não estão representadas na mesma proporção.

Imagens da queima de uma folha de papel.

2. Junte-se a um colega e observem o produto final de cada transformação. Pensem sobre a seguinte questão: Qual é a diferença entre o derretimento do gelo e a queima do papel?

Agora compartilhem as ideias de vocês com o professor e com as demais duplas.

Depois que todos terminarem, escrevam, juntos, a resposta para a pergunta.

_____

_____

_____

_____

Tipos de transformação

1. O gelo é água no estado sólido. Responda:

a) Quando ele derrete, que material é formado? _____

b) Em que estado físico? _____

Ao derreter, a matéria água passa do estado sólido para o líquido, mas continua sendo água. Ainda que tenha acontecido uma transformação (passagem do estado sólido para o estado líquido), **não ocorreu modificação** no material.

O tipo de transformação em que só ocorre mudança na forma, na aparência ou no estado físico do material é chamado **transformação física**. Nele o material não muda, permanece o mesmo.

Observe outros exemplos de transformação física.

Ouro derretido.

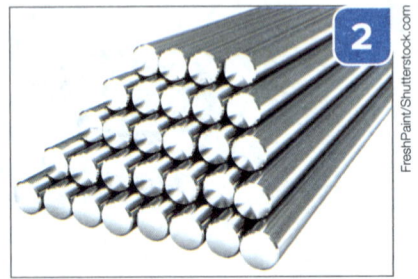

Barras de ferro.

Toras de madeira.

Barra de ouro.

Portão de ferro.

Estante de madeira.

2. Complete o quadro.

	Material	Objeto produzido depois da transformação	Houve mudança do material?
1	ouro		
2	ferro		
3	madeira		

3. Pense na situação da página 33, em que uma folha de papel foi queimada, e responda:

a) Depois de queimado, o produto ficou parecido com papel? _____

b) Que materiais foram formados? _____

Há transformações que provocam a **modificação** da matéria, como é o caso do papel ao ser queimado. Depois da mudança, não existe mais o papel, porque ele é transformado em outras substâncias, como cinzas e gás carbônico.

Esse é um exemplo de **transformação química**: a modificação ocorre no material que forma o corpo.

Você se lembra da palha de aço e do portão enferrujado? O ferro presente nos materiais que compõem esses objetos transformou-se em ferrugem.

Observe outros exemplos de transformação química.

A massa crua do pão sofre transformação química para o pãozinho ficar pronto.

A **decomposição** da maçã é uma transformação química.

Volte à página 28. Você considerou que a maçã estava se decompondo?

Decomposição: apodrecimento.

Transformações químicas no dia a dia

As transformações químicas acontecem o tempo todo na vida das pessoas, e mais perto do que você pode imaginar. Sabe onde? Na cozinha!

Veja alguns exemplos.

As imagens não estão representadas na mesma proporção.

Para que sejam consumidos pelas pessoas, alguns alimentos, como ovo, milho e carne, podem sofrer transformações.

1. Agora, escreva outras transformações químicas que podem ocorrer na cozinha.

_____

_____

Fatores que provocam transformações

Observe novamente as imagens da página anterior.

1. O que aconteceu com o ovo que o fez mudar? E com o milho e a carne?

_____

_____

_____

Agora pense na palha de aço ou na porta de ferro enferrujada da página 32.

2. O que pode ter causado essa mudança?

_____

_____

_____

Calor e **umidade** (água presente no ar) são dois fatores que provocam transformações.

Se o ovo, os grãos de milho e a carne tivessem sido deixados na panela e o fogo não tivesse sido aceso, eles permaneceriam crus e a transformação não aconteceria.

Da mesma forma, se a palha de aço e a porta de ferro não tivessem entrado em contato com a água, a transformação química não aconteceria, ou seja, elas não enferrujariam.

Shutterlist/Shutterstock.com

Você sabia que os seres vivos também podem ser fatores que provocam transformações químicas?

A ação de alguns seres vivos causa a decomposição de certos materiais, como a maçã que você viu na página 35. Quando restos de comida são jogados fora, alguns seres vivos agem sobre eles e os decompõem.

A transformação de restos de comida pela ação de seres vivos é chamada decomposição. Essa reação pode liberar alguns gases malcheirosos.

Transformações reversíveis e irreversíveis

Procure no dicionário o significado das palavras **reversível** e **irreversível**. Depois, anote-os a seguir.

Reversível: _____

Irreversível: _____

Pense na água formada do gelo derretido. Ela poderia ser congelada novamente?

☐ Sim.   ☐ Não.

Então, o derretimento do gelo é uma transformação _____.

Agora, lembre-se de como a clara do ovo fica depois de cozida. É possível fazê-la ficar novamente como era, quando crua?

☐ Sim.   ☐ Não.

Então, o cozimento do ovo é uma transformação _____.

Atividade

1. Junte-se a um colega e preencha o quadro a seguir.

Transformação	Física ou química	Reversível ou irreversível	Fator envolvido na transformação
derretimento do gelo			
queima do papel			
derretimento do ouro			
ferrugem da palha de aço			
assamento do pão			
apodrecimento da maçã			
cozimento da carne			

Esta atividade será feita com o auxílio do professor.

Bolo de liquidificador

Material:

- 3 ovos;
- 2 colheres (sopa) de margarina;
- 2 copos (requeijão) de açúcar;
- 2 copos (requeijão) de farinha de trigo;
- 1 copo (requeijão) de leite;
- 1 colher de sopa rasa de fermento em pó;
- 1 xícara de chá de chocolate em pó.

Modo de fazer

1. Bata no liquidificador os ovos, o açúcar e a margarina.
2. Acrescente a farinha, o chocolate em pó, o leite e o fermento em pó, e bata novamente.
3. Coloque a mistura em uma fôrma untada com margarina e farinha de trigo ou forrada com papel-manteiga.
4. Leve ao forno preaquecido por 40 minutos.

Agora, é só aproveitar!

Conclusão

Enquanto você come o bolo, converse com o professor sobre as seguintes questões:

1. O preparo de um bolo é uma transformação física ou química? Por quê?

2. Como você classificaria essa transformação, reversível ou irreversível? Justifique.

Massa do bolo em processo de cozimento.

Bolo pronto após transformação de seus materiais.

🌿 Misturas

Olha o que Jair fez com o arroz e o feijão crus que seriam preparados para o almoço.

1. Se você estivesse na casa de Jair, o que faria para separar o feijão do arroz?

_____

_____

Antes do preparo, os grãos de arroz e feijão devem ser separados.

Quando precisou dos pinos de metal no laboratório, o professor percebeu que eles estavam juntos das bolinhas de isopor.

2. Para ajudar o professor nessa separação, o que você faria?

_____

_____

Pinos de metal e bolinhas de isopor misturados.

Arroz e feijão e os pinos com as bolinhas são **misturas**. Um copo de água com sal também é uma mistura.

O sal e a água, quando juntos, também formam uma mistura.

3. É possível separar o sal da água? Como?

_____

_____

_____

Em uma mistura, os componentes mantêm suas características e podem ser separados.

Separação de misturas

Para separar o arroz do feijão, é só fazer a separação manual. Esse processo é chamado de **catação**.

Para separar os pinos das bolinhas de isopor também é possível fazer a catação. Porém, há um jeito mais simples: usar um ímã! Ele atrai os pinos, e as bolinhas continuam na placa.

A catação é um processo simples de separação manual.

Alguns equipamentos podem ser usados para separar materiais. O ímã atrai apenas os pinos de metal, facilitando a separação.

Para separar a água do sal, basta aquecer a mistura. A água evapora e, no fundo da vasilha, fica o sal!

O sal não evapora durante o aquecimento da mistura, permanecendo na vasilha, enquanto a água é liberada no ar na forma de vapor.

Um dos processos de separação de misturas é chamado **filtração**. Nele, separam-se partículas sólidas de um meio líquido. É o que ocorre, por exemplo, na obtenção de água filtrada.

Os filtros de água retiram partículas da água através da filtração.

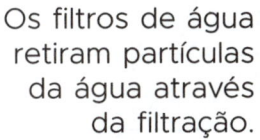

1. Elabore uma frase com as seguintes palavras:

a) mistura, componentes, arroz, areia

_____

b) filtração, potável, água

_____

c) metal, ímã, farinha

_____

2. Assinale a resposta correta.

• Uma mistura de grãos de milho com pó de café deixada de um dia para outro passará por transformação?

☐ Sim, porque houve tempo suficiente para os componentes se misturarem bem.

☐ Não, porque o grão de milho não reconhece o pó de café.

☐ Não, porque, mesmo depois de passado o tempo, os componentes mantêm suas características e podem ser separados.

3. Responda às questões a seguir.

a) Quando alguém está escolhendo feijão para preparar a comida, que processo de separação está fazendo?

_____

b) No aparelho ao lado está acontecendo um processo de separação de mistura. Qual é o nome dessa separação? Que componentes estão sendo separados?

_____

_____

_____

Fabio Colombini

Filtro de barro comum.

O que estudamos

- Assim como acontece com a energia, a matéria que forma os objetos e os corpos não pode ser criada nem destruída, apenas transformada. Essa propriedade recebe o nome de indestrutibilidade da matéria.

- A transformação em que só ocorre modificação na forma, na aparência ou no estado físico do material é chamada transformação física. Nesse tipo de transformação, o material que compõe o objeto permanece o mesmo.

- A transformação é denominada química quando ocorre a modificação no material que forma o corpo.

- As transformações químicas acontecem o tempo todo na vida das pessoas, em especial durante o preparo de alimentos.

- Em uma mistura, os componentes podem ser separados e mantêm suas características.

- A catação, a evaporação e a filtração são processos de separação de misturas.

A combustão é uma transformação química.

iamnoonmai/Shutterstock.com

43

1. Observe as imagens seguintes e escreva qual é o tipo de transformação da matéria que está acontecendo em cada situação. Justifique sua resposta.

As imagens não estão representadas na mesma proporção.

2. A decomposição das frutas é uma transformação física ou química? Justifique sua resposta.

_____

_____

_____

_____

3. O tomate é um fruto que pode ser comido cru. Mas também é usado para fazer diferentes alimentos, como o molho de tomate. Para preparar o molho, o tomate deve ser cozido, passando por transformação. Que diferenças existem entre o tomate cru e o molho de tomate?

_____

_____

_____

4. Escreva uma legenda para cada imagem. Nelas deve aparecer a palavra **transformação**.

a)

Mauro Salgado

_____

_____

_____

_____

b)

Douglas Ferreira

_____

_____

_____

_____

📖 Para ler

Ciclo do pão, de Cristina Quental e Mariana Magalhães. São Paulo: Leya, 2013.
A professora Tita e os alunos partem para uma visita de estudo percorrendo o circuito dos cereais. Passam por um moinho e uma moagem até chegar à padaria de Ana. No caminho, compreendem como é o ciclo do pão.

O livro do papel, de Ruth Rocha e Otávio Roth. São Paulo: Melhoramentos, 2009.
O que foi inventado primeiro: o papel ou a escrita? De onde vem o termo "folha de papel"? De que material o papel pode ser feito?

👆 Para acessar

De onde vem o pão? Kika quer saber de onde vem o pão. Ela descobre que o pão é feito com farinha, que vem do trigo, e também fermento.
Disponível em: <https://tvescola.mec.gov.br/tve/video/de-onde-vem-de-onde-vem-o-pao>. Acesso em: 17 nov. 2017.

De onde vem o sal? Kika quer saber de onde vem o sal. Ela descobre que o sal vem do mar, passa pelas salinas e vai para a fábrica, onde é embalado, e depois é distribuído nos mercados.
Disponível em: <https://tvescola.mec.gov.br/tve/video/de-onde-vem-de-onde-vem-o-sal>. Acesso em: 17 nov. 2017.

Seres vivos em toda parte

1. Circule nesta cena dez seres vivos e depois escreva o nome deles nas linhas.

Marcos de Mello

_____   _____

_____   _____

_____   _____

_____   _____

🌿 Seres vivos

Alice e seus colegas da turma do 4º ano visitaram uma exposição sobre **biodiversidade**. Veja o que eles encontraram lá.

> 📖 **Biodiversidade:** variedade de formas de vida.

Como a turma estava estudando os seres vivos, o professor lançou um desafio: "Quem consegue explicar por que os seres vivos foram organizados dessa forma na exposição?"

💬 Pense e converse

- Se você fizesse parte da turma, o que responderia ao professor? Comente suas ideias com os colegas e o professor.

Características exclusivas dos seres vivos

Os seres vivos têm características em comum. Veja algumas:

- Precisam de energia para sobreviver.

Plantas produzem o próprio alimento, de onde obtêm energia.

Animais precisam conseguir o alimento do meio em que vivem.

- Podem se reproduzir, isto é, gerar descendentes.

As plantas e os animais se reproduzem; os novos seres gerados crescem ao longo da vida.

- São formados por células, unidades muito pequenas não visíveis a olho nu.

Bactérias são seres vivos formados por uma única célula. Essa célula desempenha todas as funções para a manutenção da vida da bactéria.

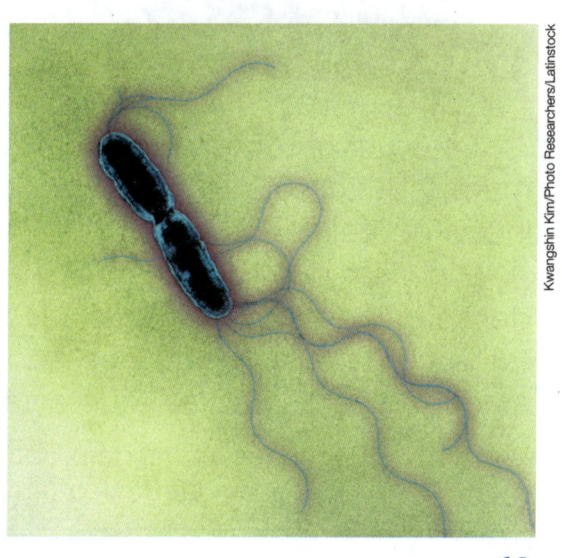

Salmonela sp. é um tipo de bactéria. Imagem obtida por microscópio eletrônico e colorizada artificialmente (ampliação aproximada de 5 800 vezes).

As células que formam os fungos, os animais e as plantas são diferentes das células bacterianas.

Há fungos formados por apenas uma célula, como o levedo, mas também existem fungos cujo corpo é formado por muitas células.

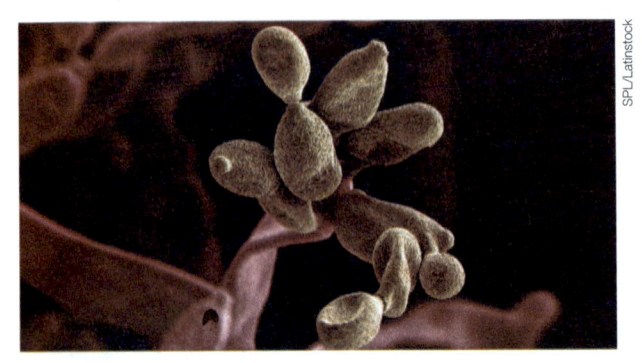

Fungo microscópico *Penicillium* sp., usado na produção de queijos. Fotografia obtida por microscópio eletrônico e colorizada artificialmente. Ampliação aproximada de 1200 vezes.

Cogumelo conhecido como *champignon*.

Plantas e animais são formados por várias células. Em algumas plantas e animais as células organizam-se formando órgãos. Cada órgão tem uma função, e o trabalho conjunto de todos os órgãos é que permite a manutenção da vida.

Garças no Pantanal.

Para saber mais

Estudos recentes propõem que um ser humano adulto seja formado por mais de 37 trilhões de células.

E pensar que todas essas células descendem de apenas uma! Depois da fecundação forma-se a célula-ovo. É dela que se formarão todas as outras células do ser que está em formação.

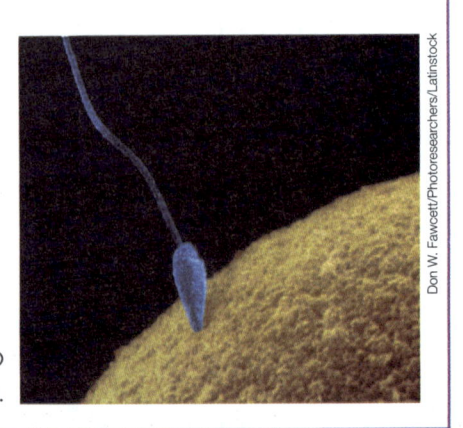

Fecundação. Imagem obtida por microscópio eletrônico (ampliada 1200 vezes).

Os microscópios

Para observar uma célula, é preciso um instrumento que permita a ampliação do que está sendo estudado, o microscópio.

O primeiro microscópio foi criado há mais de 500 anos. Na época, representou um grande avanço para o estudo de estruturas que, de tão pequenas, não podiam ser vistas a olho nu.

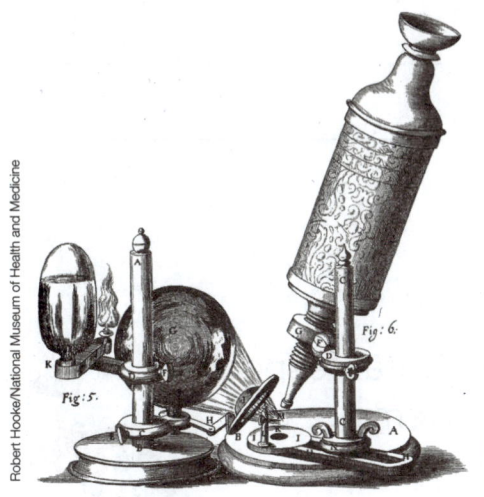

Microscópio rudimentar.

Desenho feito ao observar a cortiça com o microscópio ao lado.

Atualmente existem microscópios que possibilitam ampliar a imagem do que está sendo observado em milhares de vezes.

Volte às páginas 48, 49 e 50 e observe algumas imagens de seres ou estruturas observadas ao microscópio.

As imagens não estão representadas na mesma proporção.

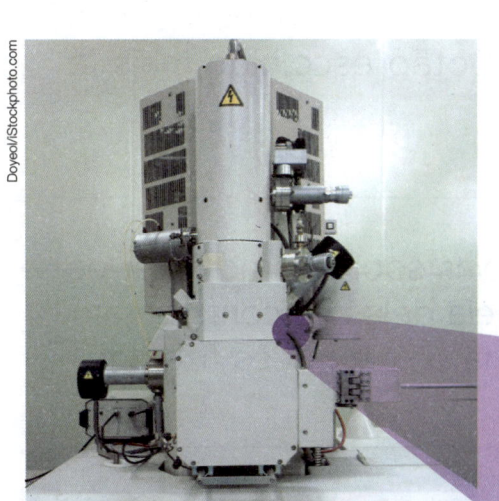

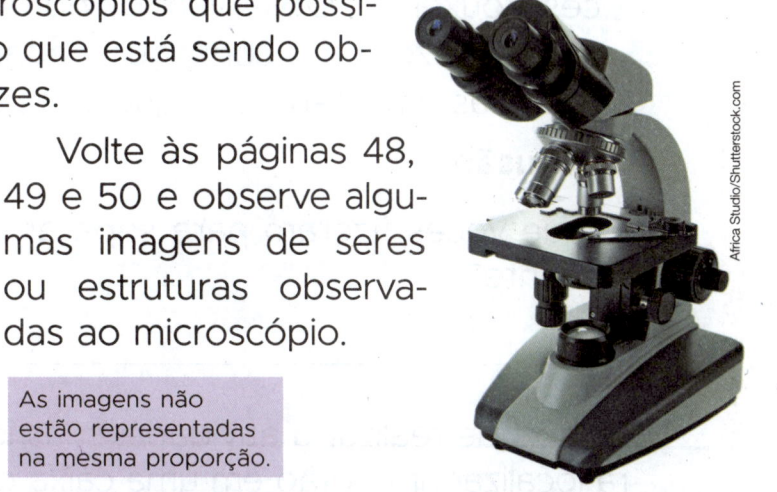

Microscópio óptico.

Microscópio eletrônico. No detalhe podemos observar uma parte da retina humana vista através desse aparelho. Ampliação aproximada de 2 mil vezes.

Classificar para organizar

O que você faria para localizar um tipo específico de botão em uma caixa que estivesse cheia deles? Anote suas ideias.

_____

_____

Material:

- botões de diversos tipos.

Modo de fazer

1. Com um colega, pense em um tipo de botão específico e escreva o que pensaram, por exemplo, um botão azul, pequeno e com quatro furos.

2. Espalhem sobre uma carteira os botões que vocês trouxeram. Observem os botões e pensem no que fazer para conseguir pegar aquele que tenha as características que vocês escolheram.

Conclusão

1. O que vocês fizeram para separar o botão escolhido mais facilmente?

_____

2. Depois de realizar a atividade, suas ideias sobre como fazer para localizar um botão em uma caixa cheia deles se confirmaram? Expliquem e compartilhem com a turma o que vocês fizeram.

_____

3. Todas as duplas tiveram as mesmas ideias que vocês? Por que você acha que isso aconteceu?

_____

Classificação dos seres vivos

Lembre-se de uma vez em que esteve em um supermercado. Você reparou que os produtos à venda estavam colocados nas prateleiras de acordo com certa ordem? Ou seja, eles não estavam colocados de forma desorganizada.

Essa organização é percebida também com os livros de uma biblioteca.

E sabe por que existe essa organização?

Nos supermercados e nas bibliotecas, os produtos ou livros estão agrupados de acordo com algumas características para facilitar a localização do que se procura.

O supermercado costuma organizar os produtos em seções, como cereais, verduras e legumes, material de limpeza e papelaria.

Na biblioteca, os livros são separados por assuntos, como romances, didáticos e artes.

Você e... A CLASSIFICAÇÃO

1. Você tem o costume de classificar algo que seja seu?
Se sim, o que você classifica? Senão, o que gostaria de classificar? Por quê?

_____

_____

_____

_____

Grupos de seres vivos

Vários cientistas sugeriram formas de classificar os seres vivos em grupos. A seguir, você conhecerá alguns desses grupos.

Grupo das bactérias

Como vimos, as bactérias são seres microscópicos formados por apenas uma célula. Com a invenção de microscópios foi possível visualizar as bactérias com detalhes e estudá-las mais profundamente. Veja:

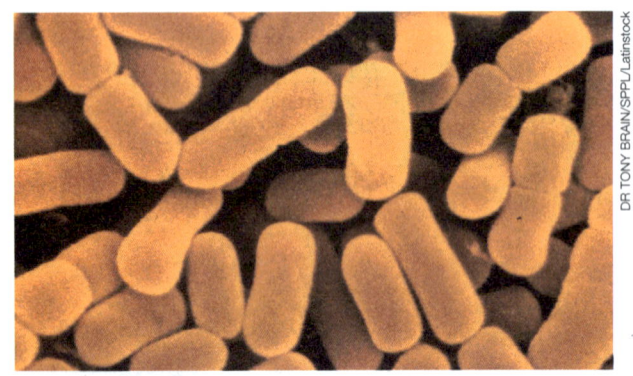

Lactobacilo. Fotografia obtida por microscópio eletrônico e colorizada artificialmente. Ampliação aproximada de 17 mil vezes.

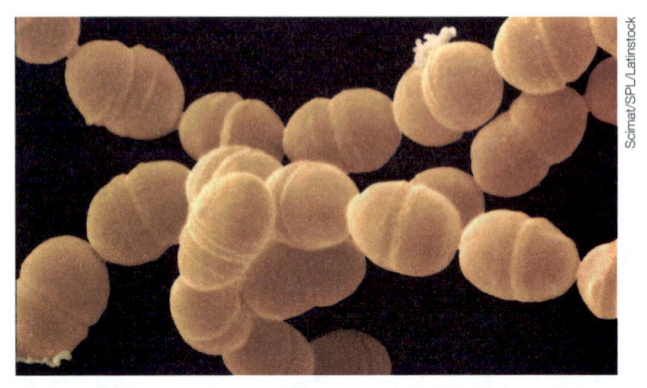

Estreptococos sp. Fotografia obtida por microscópio eletrônico e colorizada artificialmente. Ampliação aproximada de 12 mil vezes.

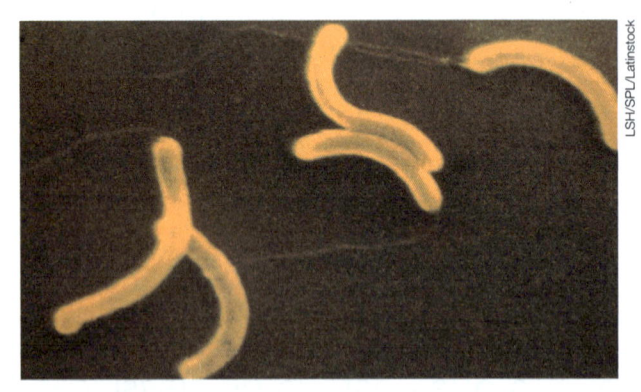

Vibrio cholerae. Fotografia obtida por microscópio eletrônico e colorizada artificialmente. Ampliação aproximada de 6 mil vezes.

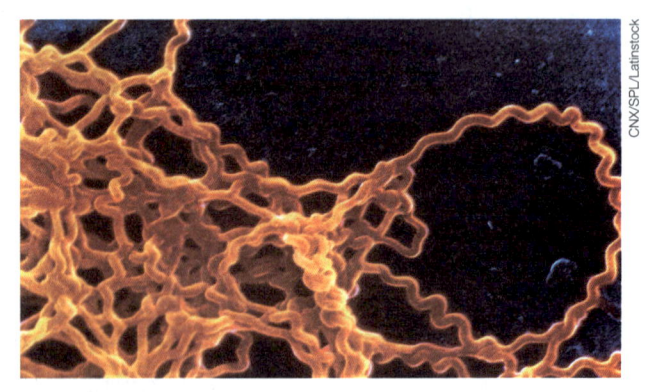

Leptospira sp. Fotografia obtida por microscópio eletrônico e colorizada artificialmente. Ampliação aproximada de 25 mil vezes.

Algumas bactérias podem causar doenças, como o tétano e o cólera. Entretanto, existem bactérias que são utilizadas pelas pessoas, como os lactobacilos, que participam da transformação do leite em queijo e iogurte.

Grupo dos protozoários

Os protozoários, assim como as bactérias, são seres vivos formados por uma única célula. Como essa célula é mais complexa do que a das bactérias, esses seres são classificados em grupos distintos.

Muitos protozoários vivem em ambientes úmidos ou aquáticos.

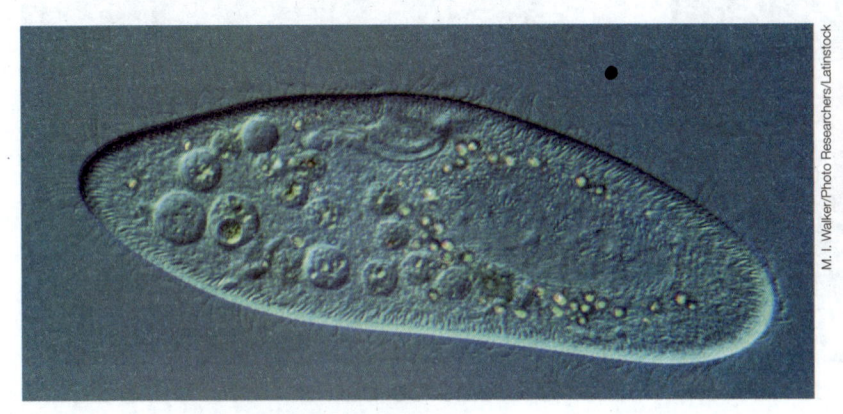

Paramécio. Fotografia obtida por microscópio óptico. Ampliação aproximada de 480 vezes.

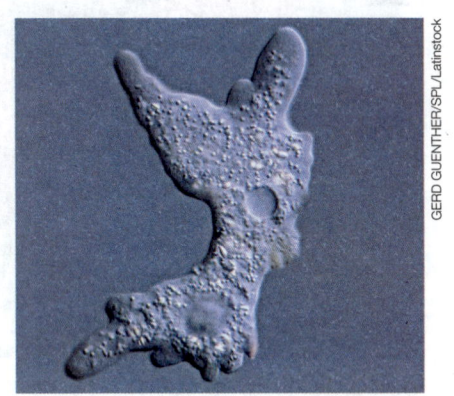

Ameba. Fotografia obtida por microscópio óptico. Ampliação aproximada de 300 vezes.

Alguns vivem no interior do corpo de animais. É o caso, por exemplo, do protozoário que vive dentro do cupim.

No intestino do cupim vive o protozoário *Trichonympha campanula* (à direita, no detalhe). Fotografia obtida por microscópio óptico. Ampliação aproximada de 180 vezes.

Existem, porém, alguns protozoários que podem invadir o corpo humano e provocar doenças, como a doença de Chagas e a malária. Nesses casos, os protozoários vivem uma parte da vida deles no interior do corpo humano e outra parte no interior do corpo de certos insetos.

Grupo dos fungos

Os fungos podem ser formados por uma única célula ou por várias. A maioria desenvolve-se em lugares úmidos.

Cogumelo, uma forma comum de fungo, em solo úmido.

Fungo orelha-de-pau em tronco de árvore caída.

O fungo também se desenvolve sobre matéria orgânica, como frutas e pão. Observe a imagem ao lado.

O *champignon*, o *shitake* e o *shimeji* são fungos comestíveis bastante apreciados. Há também outros tipos de fungo que podem fazer mal à saúde, por isso, não coma nenhum tipo sem ter a certeza de que ele é comestível.

O bolor do pão nada mais é do que um fungo. No detalhe é possível visualizar algumas de suas estruturas. Ampliação aproximada de 4 vezes.

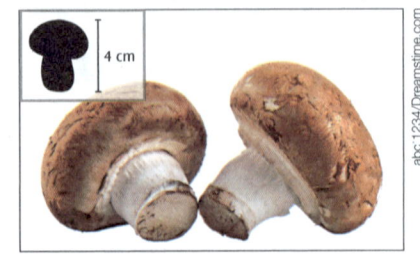

Champignon, um tipo de cogumelo.

Cogumelo Shitake.

Shimeji, um tipo de cogumelo.

Além de fungos venenosos, existem os que podem causar no ser humano doenças chamadas **micoses**. Essas doenças afetam a pele e, às vezes, alguns órgãos internos do corpo.

Atividades

1. Responda às questões a seguir.

a) Por que a classificação dos seres vivos é importante?

_____

_____

b) Todos os seres vivos, desde os mais simples até os mais complexos, são formados por uma unidade básica muito pequena.

Qual é o nome dela? _____

c) Qual é o nome do instrumento utilizado para observar essas unidades? _____

2. Complete as frases de acordo com o que você estudou das bactérias e dos protozoários.

a) O lactobacilo é uma _____ que participa da fabricação do queijo e do iogurte.

b) Os _____ são seres unicelulares que podem viver em ambientes úmidos e aquáticos.

c) Entre os seres microscópicos, existem _____

e _____ que podem causar doenças aos seres humanos.

3. Leia as frases a seguir e coloque **V** para verdadeiro e **F** para falso.

☐ Todos os seres vivos apresentam algumas características em comum. Uma delas é a capacidade de se reproduzir.

☐ As células podem ser vistas a olho nu.

☐ As bactérias são seres formados por mais de uma célula.

☐ Os fungos são utilizados pelos seres humanos na alimentação.

☐ Nenhum fungo é nocivo para a saúde.

Grupo das plantas

Existem vários tipos de plantas. Elas podem ter diferenças de tamanho, cor, formato das folhas e tipo de raiz, por exemplo. Há plantas sem flores e com flores, sem frutos e com frutos. O esquema a seguir representa uma das formas de classificar os vegetais.

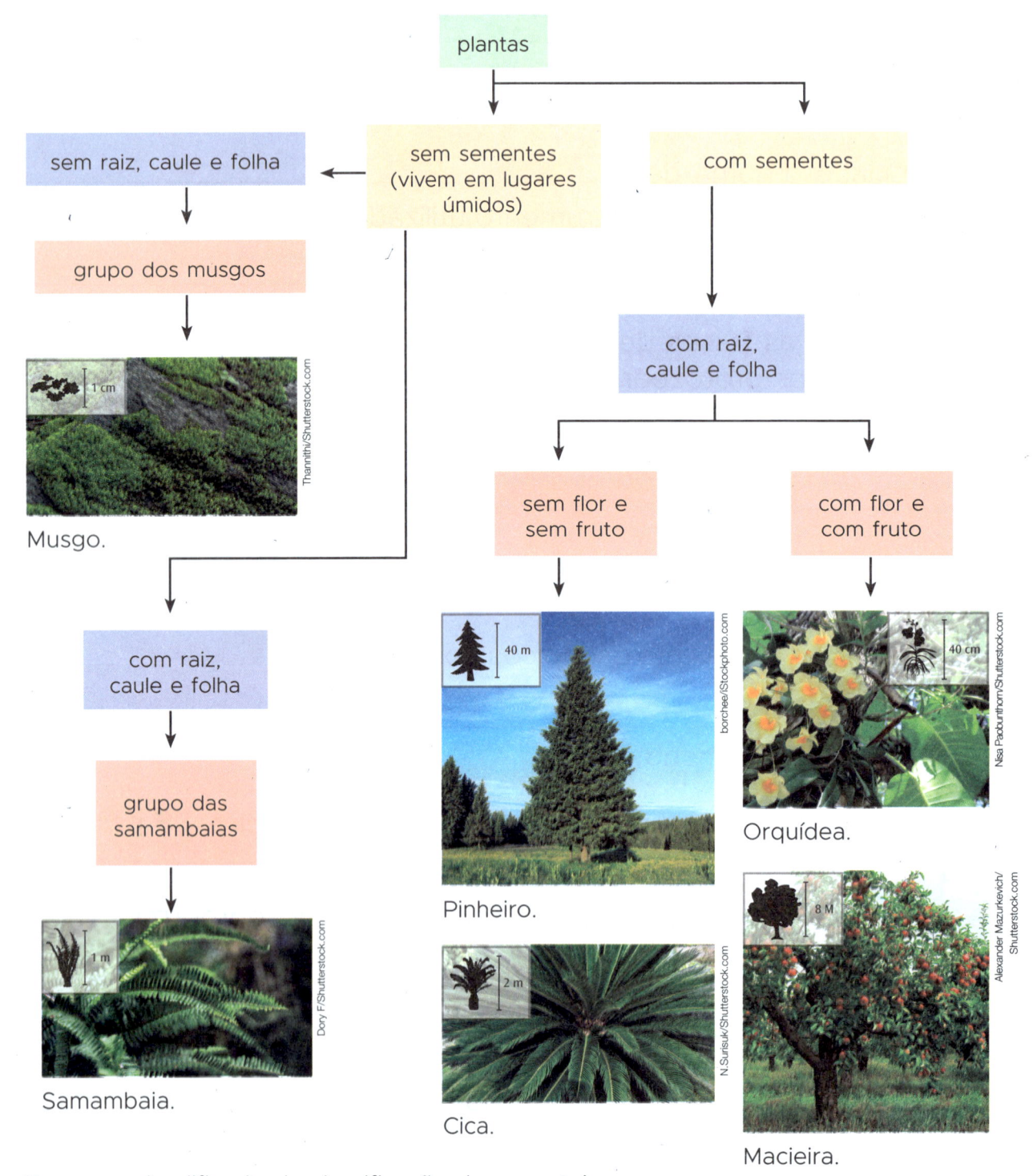

Esquema simplificado de classificação dos vegetais.

Fotossíntese

As plantas obtêm a energia de que necessitam por meio de um processo chamado **fotossíntese**. Para realizar a fotossíntese, a planta precisa de energia solar, água e gás carbônico. O esquema a seguir representa a fotossíntese. Observe-o atentamente.

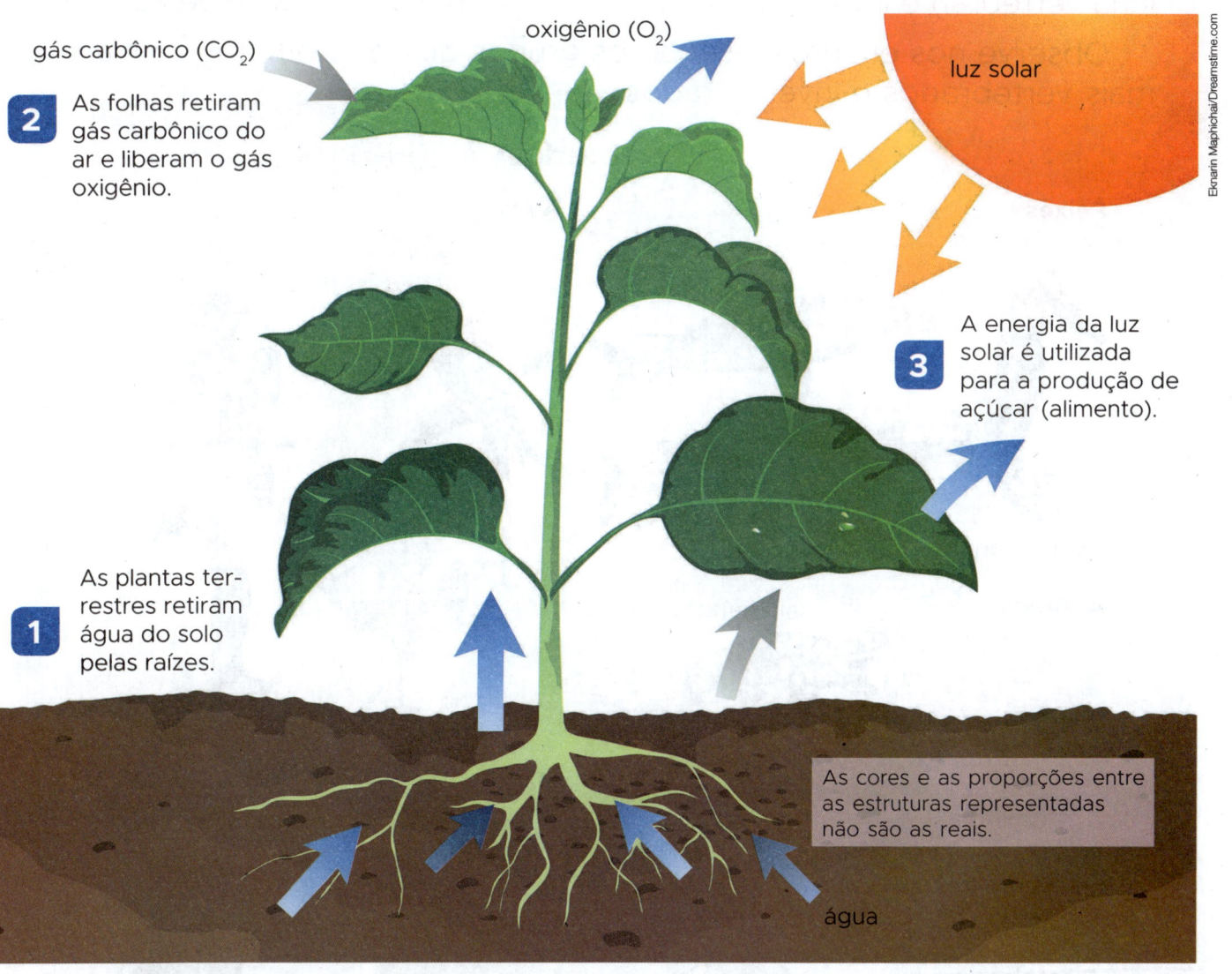

gás carbônico (CO_2)

oxigênio (O_2)

luz solar

2 As folhas retiram gás carbônico do ar e liberam o gás oxigênio.

3 A energia da luz solar é utilizada para a produção de açúcar (alimento).

1 As plantas ter-restres retiram água do solo pelas raízes.

As cores e as proporções entre as estruturas representadas não são as reais.

água

Esquema simplificado da fotossíntese.

Assim, para ocorrer a fotossíntese são necessários:

- água;
- luz;
- gás carbônico.

E os produtos da fotossíntese são:

- o alimento, que é distribuído por toda a planta;
- o gás oxigênio, que é liberado na atmosfera e é essencial à respiração da maioria dos seres vivos.

Grupo dos animais

Os animais também são seres vivos e, para sobreviver, necessitam de gás oxigênio, água e energia, que é obtida dos alimentos. Como a diversidade de animais é muito grande, para estudá-los eles podem ser separados em dois grandes grupos: vertebrados (têm crânio e coluna vertebral) e invertebrados (não têm crânio nem coluna vertebral).

Observe nos quadros a seguir os grupos que existem entre os animais vertebrados e invertebrados.

As cores e as proporções entre os tamanhos dos seres vivos representados não são os reais.

Vertebrados

Peixes
- tubarão
- cavalo-marinho
- dourado
- pacu

Anfíbios
- salamandra
- perereca
- cecília (cobra-cega)

Répteis
- camaleão
- serpente
- jacaré
- tartaruga-marinha

Aves
- arara
- gavião
- ema
- pinguim

Mamíferos
- morcego
- elefante
- equidna
- camundongo
- peixe-boi

Ilustrações: Luiz Eugenio

Exemplos de animais dos grupos de vertebrados mais conhecidos.

Invertebrados

Poríferos

esponjas-do-mar

Cnidários

medusa

anêmona

hidra

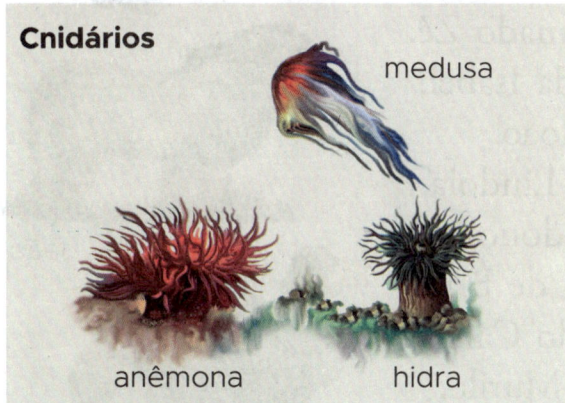

Platelmintos

anêmonas-do-mar

planária

tênia

Nematódeos

lombriga

Anelídeos

sanguessuga

nereida

minhoca

Moluscos

caramujo

polvo

mexilhão

Crustáceos

caranguejo

camarão

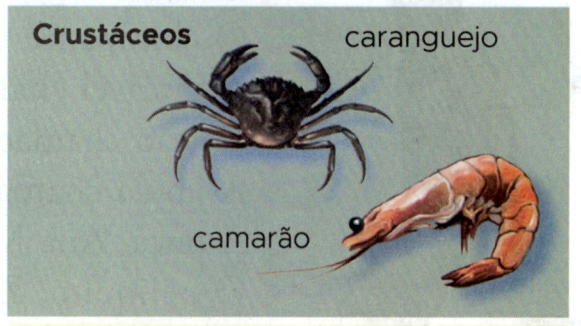

Miriápodes

centopeia

lacraia

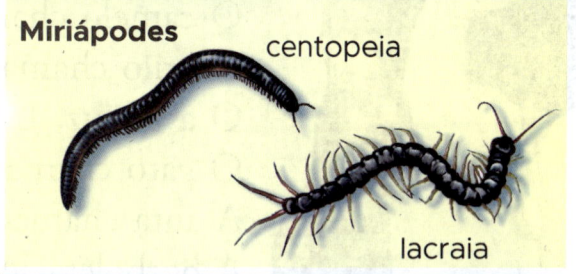

Aracnídeos

escorpião

aranha

Insetos

abelha

borboleta

gafanhoto

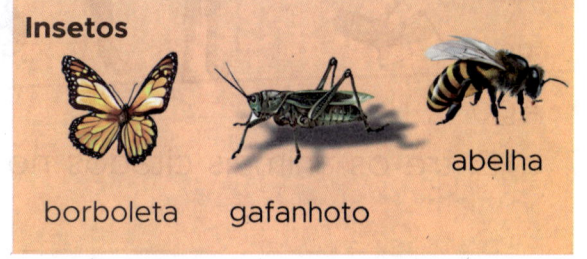

Equinodermos

estrela-do-mar

ouriço-do-mar

Exemplos de animais dos grupos de invertebrados mais conhecidos.

Atividade

1. Leia a letra da canção "Eles têm nome também".

periquito

jiboia

canário

avestruz

borboleta

chimpanzé

Ilustrações: Douglas Ferreira

Eles têm nome também
O dromedário chamado Mário.
O canário, Januário.
O chimpanzé chamado Zé.
A cascavel chamada Isabel.
O leão chamado João.
A jiboia chamada Lindoia.
A onça, Ana Mendonça.
O periquito, Zeca de Brito.
O camelo chamado Campelo.
O grilo chamado Murilo.
O avestruz, Luís da Cruz.
O gato chamado Renato.
A anta chamada Samanta.
A borboleta, Antonieta.

Laura Góes. *Livro de leitura*: aprender brincando. São Paulo: Quinteto Editorial, 1990. p. 41.

leão

camelo

anta

gato

dromedário

grilo

cascavel

onça

Agora, responda:

a) Entre os animais citados no poema, quais são vertebrados?

_____

_____

b) E quais são invertebrados?

_____

O que estudamos

- Todos os seres vivos apresentam características em comum: precisam de energia para sobreviver, geram descendentes e são formados por células.

- O microscópio é um instrumento que permite ampliar a imagem milhares de vezes e possibilita o estudo de estruturas invisíveis a olho nu.

- Os seres vivos são classificados em grupos para que sejam mais bem estudados.

- Bactérias são seres microscópicos unicelulares. Algumas bactérias são importantes para o ambiente e para os outros seres vivos, outras podem causar doenças.

- Os protozoários também são seres unicelulares, mas suas células são diferentes das bacterianas. Muitos vivem em ambientes úmidos ou aquáticos.

- Os fungos desenvolvem-se em lugares úmidos. Certos fungos são usados como alimentos e alguns causam doenças.

- As plantas obtêm energia por meio da fotossíntese. Para isso, são necessários luz solar, gás carbônico e água. Como produto, além do alimento, há o gás oxigênio. Existe grande variedade de plantas no ambiente.

- Os animais precisam se alimentar de outros seres vivos a fim de obter energia para viver.

- A diversidade de animais é muito grande e pode ser dividida em dois grandes grupos: invertebrados e vertebrados.

A Floresta Amazônica é um dos locais com a maior diversidade de seres vivos.

1. Escreva **V** para verdadeiro e **F** para falso.

☐ Os musgos são plantas sem raiz, caule e folhas.

☐ Existem plantas sem flores e frutos.

☐ As samambaias são plantas com raiz, caule, flor, folha e fruto.

2. O professor do 4º ano pediu aos alunos que levassem figuras de vários animais para a realização de uma atividade na aula de Ciências. Observe as imagens que Mateus levou.

Boto.

Lírio-do-mar.

Galinha.

Centopeia.

Elefante.

Formiga.

a) Separe esses **animais** em dois grupos e coloque-os nas colunas correspondentes.

Vertebrados	Invertebrados

b) Que critério **foi utilizado** para separar os animais em vertebrados e invertebrados?

_____

_____

c) Marque um **X** nas alternativas corretas sobre alguns animais pesquisados **por Mateus.**

• Boto:

☐ faz **parte do grupo dos** vertebrados;

☐ é um réptil;

☐ é aquático.

• Galinha:

☐ é uma ave;

☐ sofre metamorfose;

☐ apresenta penas.

• Centopeia:

☐ pertence ao grupo dos invertebrados;

☐ é aquática;

☐ é um peixe.

• Formiga:

☐ é um inseto;

☐ tem crânio;

☐ não tem coluna vertebral.

• Lírio-do-mar:

☐ é um animal, mas faz fotossíntese;

☐ vive fixo no fundo do mar;

☐ é um animal e não é capaz de produzir seu alimento.

 Cuidar é preciso!

As imagens não estão representadas na mesma proporção.

Atualmente diversos tipos de animais compartilham o lar e a vida com as pessoas. É bastante comum ver cães e gatos como animais de estimação, mas há muitos outros tipos vivendo dessa forma.

O que nem todas as pessoas sabem é que manter um animal de estimação em casa exige

Animais de diversos grupos podem ser tratados como animais de estimação. Entre eles estão coelhos, papagaios, canários e outros.

muita dedicação e responsabilidade. Afinal, cada tipo de animal tem hábitos e necessidades específicos.

E o mais importante: um animal que vai para a casa ou a propriedade de alguém não o faz por escolha própria. E, depois de adquirir alguns hábitos da família, não consegue mais viver sozinho. Então, antes de adotar ou comprar um animal de estimação, busque informações sobre ele, como comportamento, o que costuma comer, vacinas que tem de tomar e tempo de vida.

Muitos animais silvestres, como iguana, sagui, cacatua e furão, não podem ser mantidos como animais de estimação sem autorização do Instituto Brasileiro do Meio Ambiente e dos Recursos Naturais Renováveis (Ibama). Esse órgão é quem autoriza as lojas a comercializar os animais. A venda sem autorização é um crime conhecido como tráfico de animais silvestres. Nesse procedimento ilegal, muitos animais são maltratados e outros morrem ao ser transportados. Além disso, o tráfico pode colocar esses animais em perigo de extinção.

Agora é com você!

Que tal descobrir quais são os animais de estimação preferidos dos alunos da escola? Com base nessa descoberta, você e os

colegas poderão contribuir com informações sobre os cuidados com a saúde desses animais e, ainda, ajudar na conscientização das pessoas que querem adotar um animal de estimação.

O que fazer

Fichas de pesquisa

Na sala de aula, elabore uma ficha de pesquisa para levantamento da diversidade e quantidade de animais de estimação de um grupo de pessoas da escola, que pode ser, por exemplo, outra turma ou os professores e demais funcionários. A seguir colocamos um modelo:

1. Você tem algum animal de estimação em casa? ☐ Sim. ☐ Não.

2. Se não, qual animal de estimação você gostaria de ter?

Animal 1: [＿＿＿]   Animal 2: [＿＿＿]   Animal 3: [＿＿＿]

3. Se sim, qual animal de estimação você tem?

Animal 1: [＿＿]   Quantidade: [＿＿＿＿＿]

Animal 2: [＿＿]   Quantidade: [＿＿＿＿＿]

Animal 3: [＿＿]   Quantidade: [＿＿＿＿＿]

4. Seu animal de estimação exige algum cuidado especial quanto a:

- alimentação?   • limpeza?   • outros cuidados?

5. Como você e seus familiares ficaram sabendo dessas informações?

☐ **Tutor** anterior.   ☐ Televisão.   ☐ Vizinho/amigo.

☐ Veterinário.   ☐ Internet.   ☐ Livros.

Com a ficha pronta, providencie cópias suficientes para entregar ao grupo das pessoas que farão parte da pesquisa.

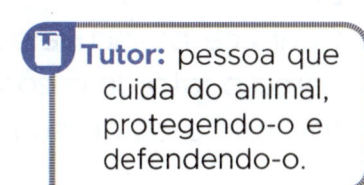

Tutor: pessoa que cuida do animal, protegendo-o e defendendo-o.

Análise das fichas

Na sala de aula, a turma será organizada em cinco grupos. Cada um dos grupos ficará responsável pela análise dos dados de uma questão da pesquisa. O professor explicará o que vocês deverão fazer.

Depois das análises prontas, cada grupo fará um trabalho sobre um dos cinco animais mais citados na pesquisa, tanto para quem já tem quanto para quem gostaria de ter.

Nessa pesquisa, vocês devem procurar informações sobre todos os cuidados que se deve ter com esse animal em casa.

Periscópio

📖 Para ler

O grilinho brincalhão, de Luzia Machado Brandão. Ilustrações de Paulo José. São Paulo: Editora do Brasil, 2009. (Coleção Brincando com a leitura).
Os animais da mata têm um mistério para resolver. Descobriram que se unir é melhor, e pensar juntos resolve os problemas mais depressa. Qual será o mistério? Leia e descubra.

Árvore da Vida: A inacreditável biodiversidade da vida na Terra, de Rochelle Strauss. Ilustrações de Margot Thompson. São Paulo: Melhoramentos, 2011.
Leia esse livro sobre a importância e a classificação das espécies da Terra, além da relação entre elas. Sinta a riqueza da diversidade das formas de vida. Fique motivado a incentivar o respeito de todos pela existência e funcionamento da vida.

A vida dos tubarões e das raias, de Otto Bismarck Fazzano Gadig. Ilustrações de Mauricio Negro. São Paulo: Gaia, 2011.
Conheça os incríveis aspectos da vida desses animais, como o fato de o corpo ser coberto de pequenos dentes, como os de sua boca. E há muito mais!

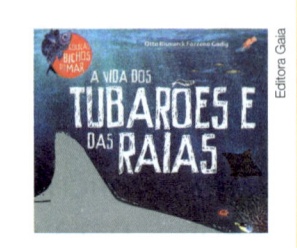

▶ Para assistir

Rio 1 & 2, direção de Carlos Saldanha, 2011 e 2014.
O primeiro filme trata do contrabando de animais e mostra às crianças que todo animal deve viver em liberdade na natureza. O segundo filme mostra como é o desmatamento da Amazônia e como isso afeta a vida de muitos animais.

A importância dos microrganismos

As cores e as proporções entre as estruturas representadas não são as reais.

1. Observe as cenas a seguir. Encontre quatro situações que ficaram diferentes após duas semanas e circule cada uma delas.

Ilustrações: Luiz Eugenio

Nem maus nem bons, eles são necessários

Ricardo chegou da escola com muita fome. Como o jantar ainda demoraria um pouco, resolveu chupar uma laranja. Só que não teve muita sorte: a única fruta parecia bem apetitosa de um lado, mas do outro...

 ## Pense e converse

- O que você responderia para Ricardo? Por que o mofo é importante na natureza?

Comente suas ideias com os colegas e o professor.

Na unidade anterior, você estudou que existem seres vivos micros-cópicos, ou seja, visíveis apenas através de microscópios. Entre esses seres, estão alguns tipos de fungos e as bactérias.

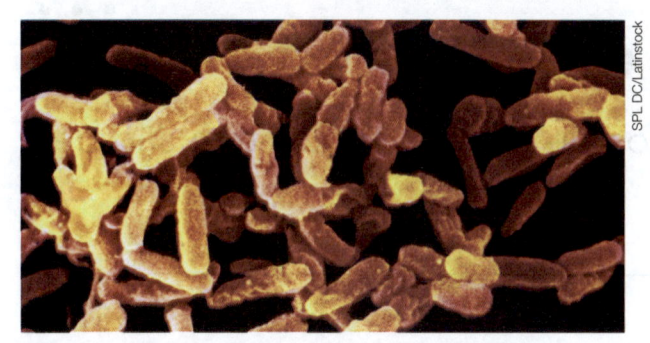

Bactéria *Pseudomonas aeruginosa*. Fotografia obtida por microscópio eletrônico e colorizada artificialmente. Ampliação aproximada de 1500 vezes.

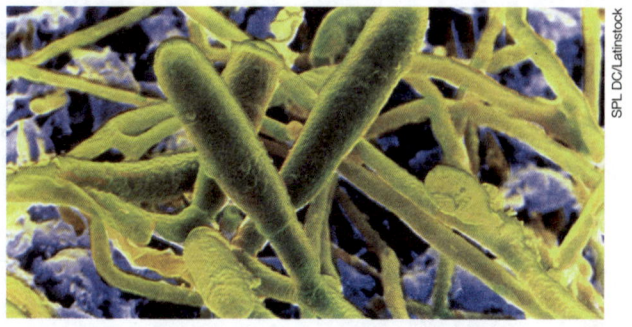

Fungo *Epidermophyton floccosum*. Fotografia obtida por microscópio eletrônico e colorizada artificialmente. Ampliação aproximada de 1400 vezes.

É bastante comum as pessoas associarem os microrganismos às doenças. De certa forma, isso é verdade, já que diversas enfermida-des são causadas por esses seres vivos. Mas há outro lado nessa his-tória: a ação de determinados microrganismos é importante sob diver-sos aspectos, inclusive para benefício dos seres humanos.

Veja, por exemplo, o bolor, fungo que impediu Ricardo de comer a laranja. Muitos nem imaginam que esse processo, chamado **decom-posição** – no caso aqui, feito pelo bolor –, é fundamental para a ma-nutenção da vida no planeta.

Além de se formar na laranja, esse ser vivo bem pequeno também pode se desenvolver no pão, no queijo e em outras frutas.

A parte do bolor visível nos alimentos em decomposição são as estruturas relacionadas à reprodução do fungo.

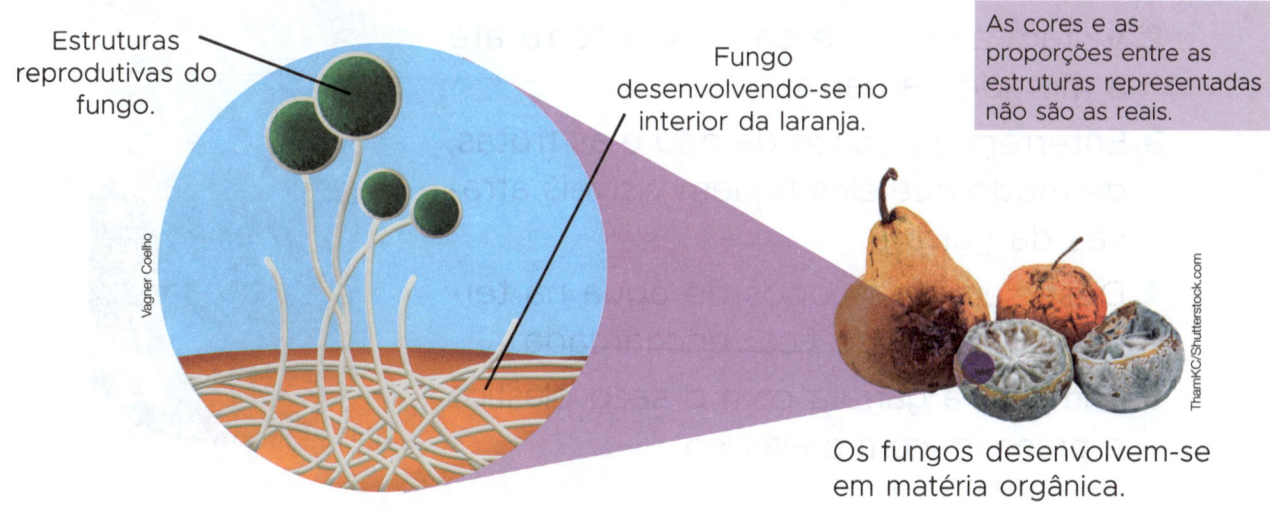

Estruturas reprodutivas do fungo.

Fungo desenvolvendo-se no interior da laranja.

As cores e as proporções entre as estruturas representadas não são as reais.

Os fungos desenvolvem-se em matéria orgânica.

Destino dos restos de alimento

O que acontece com os restos de comida depois que são descartados? Anote suas ideias.

_____

_____

_____

_____

Material:

- 1 garrafa plástica (PET) de dois litros transparente e vazia;
- 1 quilograma de terra vegetal;
- pedaço de pão e restos de frutas;
- 1 saco plástico;
- 1 elástico;
- 1 par de luvas descartáveis;
- tesoura;
- água.

Modo de fazer

1. Peçam ao professor que corte a garrafa PET deixando a boca larga.

2. Vistam as luvas e coloquem terra até a metade da garrafa.

3. Enterrem o pedaço de pão e as frutas, de modo que eles fiquem visíveis através da garrafa.

4. Despejem dois copos de água na terra. Ela não pode ficar encharcada.

5. Tampem a garrafa com o saco plástico e prendam com o elástico.

As cores e as proporções entre as estruturas representadas não são as reais.

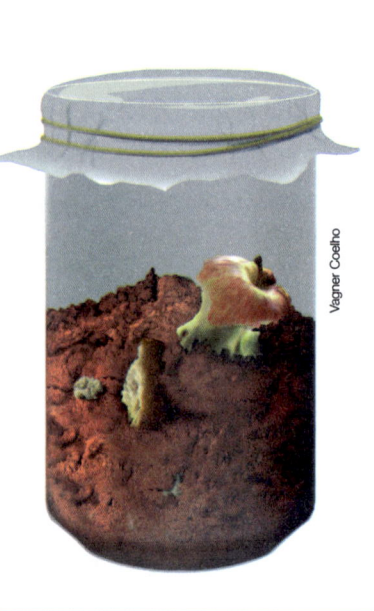

Vagner Coelho

6. Uma vez por semana, durante quatro semanas, observem o que acontece com o pão e com as partes das frutas. Nos quadros abaixo, desenhem e anotem essas modificações.

1ª semana

2ª semana

3ª semana

4ª semana

7. Depois das quatro semanas, joguem a terra em um vaso ou aproveitem-na colocando em um jardim ou em uma horta.

Conclusão:

1. Suas ideias iniciais se confirmaram? Explique.

_____

_____

Decomposição da matéria

Observe o que ocorre com um pêssego ao longo do tempo.

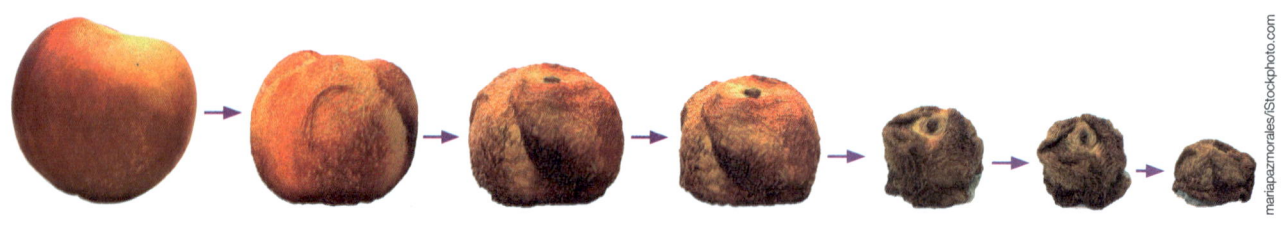

Sequência de imagens que mostram um pêssego em diferentes momentos.

Agora, responda:

1. Como se chama a transformação pela qual passou o pêssego?

_____

2. Essa transformação é reversível ou irreversível? Justifique.

_____

_____

Como você já estudou, a matéria não pode ser destruída, apenas transformada. E é aí que entram em ação os seres **decompositores**, como algumas bactérias e certos fungos. Esses seres decompõem a matéria orgânica descartada pelas pessoas, assim como restos e partes de seres vivos (folhas, galhos, fezes e urina), reduzindo-os a partes bem pequenas que serão misturadas ao solo.

Para você ter ideia da importância do processo de decomposição, pense nos restos de comida, nas cascas de frutas e de legumes consumidos em sua casa. Agora imagine se o material orgânico produzido por todas as famílias da cidade onde você mora ou do país ou até do mundo permanecesse intacto.

Volte à página 70. Com os conhecimentos que você tem agora, você mudaria sua resposta?

Um mundo onde não existissem seres decompositores seria assim: repleto de material orgânico.

Reciclagem de material orgânico

Imagem-conceito do processo de compostagem.

> **Fração úmida dos resíduos orgânicos:** parte orgânica dos resíduos, como sobras de alimentos, cascas de frutas, restos de poda etc.

Segundo uma pesquisa [...], realizada em 2012, [os] resíduos domiciliares geram mais de 90 mil toneladas de resíduos orgânicos todos os dias [causando a] poluição do ar, solo e água.

Por isso, com a nova Política Nacional de Resíduos Sólidos, é indicado que a **fração úmida dos resíduos orgânicos** seja tratada por meio de compostagem para, assim, evitar custos e diminuir a poluição gerada pelo transporte até o local de tratamento do lixo.

[...]

WWF. Disponível em: <www.wwf.org.br/informacoes/noticias_meio_ambiente_e_natureza/?46943#>. Acesso em: 7 jun. 2017.

Compostagem é a reciclagem controlada da matéria orgânica, transformada pela ação de alguns seres vivos, como os microrganismos, em um produto chamado **composto**. Esse produto pode ser colocado em jardins e hortas, ajudando a melhorar a qualidade do solo.

Lembra-se da atividade **Para onde vão os restos de comida?** Nela, seu grupo fez uma compostagem e o material aproveitado no final era o composto.

1. Por que estas frutas estão assim? Elas podem ter outro destino além de ser jogadas fora?

Africa Studio/Shutterstock.com

_____

_____

_____

_____

2. Observe a imagem ao lado. Depois, responda às perguntas com base na mensagem que ela transmite.

a) O que a terra dá às pessoas?

_____

_____

_____

_____

Douglas Ferreira

DEVOLVA À TERRA O QUE ELA NOS DÁ

FAÇA COMPOSTAGEM EM CASA

b) Qual é o nome do processo que permite devolver à terra aquilo que ela dá?

_____

c) No dia a dia quais atitudes devem ser tomadas para que esse processo ocorra?

_____

_____

_____

_____

🌱 "Parceiros" na indústria

Todos os anos, Dona Rosinha, avó de Gabi, passa um mês com a família no Recife.

Gabi gosta muito da avó e, depois de voltar da escola, fica conversando com ela. Nesse dia, a avó preparava massa para assar um pão.

Depois de preparar a massa, dona Rosinha a cobriu e a deixou em um canto da pia. Gabi achou estranho, e a avó explicou que a massa teria de descansar para crescer.

Observe como a massa de pão cresceu durante o descanso.

Depois de uma hora, Gabi viu que a massa realmente havia crescido. Então perguntou:

— Vó, por que isso aconteceu?

Dona Rosinha explicou que era por causa do fermento do pão, que, na realidade, é um tipo de fungo.

Gabi quis lanchar o pão quentinho com queijo e iogurte. Sua avó sorriu e disse:

— Um lanche feito por seres vivos, hein, Gabi?

Por que dona Rosinha falou isso para Gabi? Comente suas ideias com os colegas e o professor.

Além de serem fundamentais na decomposição da matéria orgânica, fungos e bactérias são importantes na **indústria de alimentos e bebidas**.

Como você viu, o crescimento da massa do pão ocorre graças à ação de fungos. Os fungos também participam da fabricação de outros produtos. É o caso do queijo gorgonzola e de algumas bebidas, como cerveja e vinho.

As imagens não estão representadas na mesma proporção.

Você sabia que esses traços escuros do queijo gorgonzola são feitos por um tipo de mofo?

O iogurte é fabricado pela ação de bactérias no leite.

Já o vinagre é produzido pela ação de bactérias no álcool, existente, por exemplo, no vinho.

Além da produção de alimentos, as bactérias e os fungos também são importantes na fabricação de outros produtos, como **combustíveis** e **medicamentos**.

O etanol, ou álcool combustível, é um produto muito usado como fonte de energia para meios de transporte como automóveis e caminhões. Ele é produzido pela ação de fungos no açúcar da cana-de-açúcar.

Outros produtos derivados de decomposição podem ter utilidade para as indústrias. É o caso do gás metano, gerado nos aterros sanitários.

Plantação de cana-de-açúcar e usina de álcool. Ipaussu, São Paulo, 2015.

Uma descoberta inesperada

A participação de microrganismos na fabricação de medicamentos aconteceu ao acaso e de um jeito bastante curioso.

Em 1928, ao sair de férias, o médico escocês Alexander Fleming (1881-1955) esqueceu placas em que cultivava bactérias no laboratório. Ao voltar, ele percebeu que algumas placas estavam contaminadas com bolor, um tipo de fungo, e que, ao redor das colônias de fungo, não havia bactérias.

Com base nessa observação, ele fez diversas pesquisas e concluiu que o fungo produzia uma substância que matava as bactérias, a

As bactérias (em verde) não conseguem crescer perto das áreas onde estão os fungos que produzem penicilina (certas áreas brancas).

penicilina. Essa substância foi o primeiro antibiótico, medicamento usado no tratamento de infecções bacterianas.

A penicilina possibilitou a cura de muitas doenças para as quais, até então, não havia remédios que as combatessem.

Atividades

1. Leia as sentenças a seguir e assinale **V** nas verdadeiras e **F** nas falsas.

☐ Todas as bactérias podem ser utilizadas pelo ser humano para a fabricação de produtos.

☐ Alguns microrganismos podem causar doenças nos seres humanos.

☐ Os fungos são os únicos microrganismos que podem ser utilizados na indústria de alimentos e bebidas.

☐ É possível usar microrganismos para a produção de medicamentos.

☐ Alguns microrganismos podem ser aproveitados na produção de combustíveis, como o etanol, que pode ser usado em carros, ônibus e caminhões.

2. Faça uma entrevista com uma pessoa de sua família ou conhecida sobre bactérias e fungos.

Utilize o questionário abaixo e anote as respostas.

- Qual é a primeira coisa que lhe vem à cabeça quando pensa em bactérias e fungos?

_____

- As bactérias e os fungos são importantes para o ambiente? Por quê?

_____

_____

- As bactérias são usadas pelas pessoas em seu dia a dia? Para quê?

_____

_____

- Você alguma vez fez uso de fungos ou de algo produzido por eles? Em caso positivo, cite.

_____

3. Em sala de aula, forneça ao professor as respostas de seu entrevistado. Com os colegas e o professor, avalie as respostas de todos os entrevistados e responda:

a) Você considera que as pessoas estão bem informadas sobre a importância dos microrganismos para o ambiente? Justifique.

_____

_____

_____

b) Você considera que as pessoas estão bem informadas sobre a utilidade dos microrganismos na vida delas? Justifique.

_____

_____

_____

O que estudamos

- Os microrganismos são importantes ao meio ambiente porque alguns deles decompõem a matéria orgânica, fazendo, assim, a reciclagem da matéria.
- A compostagem é um processo controlado de reciclagem da matéria orgânica.
- O produto da compostagem é o composto, que pode ser utilizado para enriquecer o solo.
- Existem microrganismos que podem causar doenças nas pessoas, mas também existem microrganismos que podem ser utilizados na fabricação de medicamentos.
- Há microrganismos que são importantes sob diversos aspectos: utilizados na indústria de alimentos e bebidas; de combustíveis; de medicamentos.

Fungo conhecido popularmente como taça-escarlate cresce sobre tronco.

6 cm

lovelypeace/Shutterstock.com

1. Marque com um **X** apenas as cenas que representam situações que podem estar relacionadas às bactérias.

As cores e as proporções entre os tamanhos dos seres vivos representados não são os reais.

Ilustrações: Douglas Ferreira

2. Complete as sentenças de acordo com o que aprendeu sobre as bactérias e os fungos.

a) Algumas _____ podem causar doenças nos seres humanos.

b) Certos _____ e algumas _____ são fundamentais para o ambiente, porque participam da _____ da matéria orgânica.

3. Assinale as afirmações incorretas em relação aos fungos.

☐ Os fungos são seres unicelulares que existem na água.

☐ Os fungos incluem seres unicelulares e outros formados por muitas células.

☐ Todos os fungos podem servir de alimento para os animais.

4. Coloque **V** nas frases verdadeiras e **F** nas falsas.

☐ As bactérias e os fungos são importantes para o ambiente porque podem decompor a matéria orgânica que forma os seres vivos.

☐ Na fabricação do iogurte são utilizadas bactérias.

☐ Os fungos devem ser combatidos porque causam doenças e não têm nenhuma utilidade para outros seres vivos.

☐ As bactérias causam doenças aos seres vivos, mas os cientistas ainda não encontraram uma forma de combatê-las.

☐ Diversos avanços na saúde e na indústria foram possíveis por causa da utilização de bactérias e fungos.

☐ A descoberta dos antibióticos não teve relação com os microrganismos.

Periscópio

📖 Para ler

Como funciona o incrível corpo humano, de Richard
Walker. São Paulo: Companhia das Letrinhas, 2008.
O espetacular funcionamento do corpo humano, da
cabeça aos pés, é tratado com precisão nesse livro.

Companhia da Letrinhas

Microbiologia um livro para colorir, de Lawrence M.
Elson e Edward Alcamo. São Paulo: Saraiva, 2004.
Enquanto você pinta as figuras, vai conhecendo como
os microrganismos interagem com o ser humano.

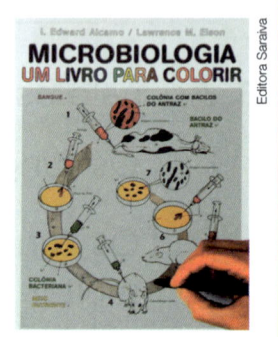
Editora Saraiva

O esqueleto, de Enric Lluch. São Paulo: FTD, 2012.
(Coleção Meus Monstros).
Essa obra traz um personagem muito divertido: um jo-
vem esqueleto que só pensa em jogar futebol e marcar gols.

Editora FTD

📍 Para visitar

Museu de Microbiologia, do Instituto Butantan, São Paulo, São Paulo.
O espaço abriga uma exposição interativa sobre os microrganismos.
Há também, para crianças, uma parte interativa e lúdica.
Para mais informações, acesse: <www.butantan.gov.br/cultura/museus/
museumicrobiologia>.
Museu de Ciências da Vida. Programa de Extensão Universitária da
Universidade Federal do Espírito Santo que promove a difusão e
popularização da ciência relativa ao corpo humano.
Para mais informações, acesse: <www.mcv.ufes.br>.

Doenças provocadas por microrganismos

Observe atentamente as imagens a seguir. Circule as situações que você já vivenciou.

Ilustrações: André Vale

Microrganismos em todo lugar

Ilustrações: Cristiano Lopes

 ## Pense e converse

- Por que a mãe disse que era melhor manter a janela aberta em vez de fechada, como queria a menina?
- A atitude da mãe, no ônibus, tem alguma relação com a sugestão que ela fez à filha assim que chegaram em casa?

Comente suas ideias com os colegas e o professor.

Você já estudou que os microrganismos podem estar em qualquer lugar. Sabe também que a maioria deles não causa mal às pessoas. Alguns são até utilizados pelo ser humano na fabricação de diferentes produtos.

Alguns microrganismos, no entanto, podem provocar doenças, principalmente em crianças e idosos.

Você e... **AS DOENÇAS DA INFÂNCIA**

Você se lembra das doenças que teve? Para ter certeza e saber quando ocorreram, converse com as pessoas com quem convive desde bebê.

As perguntas a seguir podem ajudar. Registre as respostas.

Sarawut Padungkwan/Shutterstock.com

1. Quando eu era bebê, ficava doente com frequência?

_____

_____

2. Quais doenças já tive?

_____

_____

_____

3. Eu já precisei ser levado ao hospital por causa de alguma doença? Quais?

_____

_____

_____

🌿 Vírus e viroses

Você já ouviu falar de vírus? Sabe o que são viroses?

Comente suas ideias com os colegas e o professor.

Os vírus são seres tão pequenos que só foram visualizados depois do desenvolvimento dos microscópios eletrônicos.

Gripe e resfriado

Assim como os demais microrganismos, nem todos os vírus prejudicam as pessoas. Mas existem os que provocam o aparecimento das doenças chamadas **viroses**. É o caso, por exemplo, dos vírus que causam a gripe e o resfriado.

Ainda que tenham alguns sintomas semelhantes, gripe e resfriado são doenças provocadas por vírus diferentes.

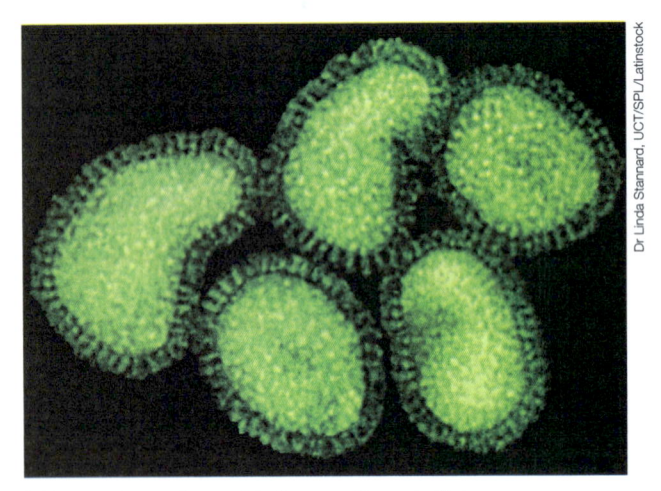

Vírus da gripe. Fotografia obtida por microscópio eletrônico e colorizada artificialmente. Ampliação aproximada de 120 mil vezes.

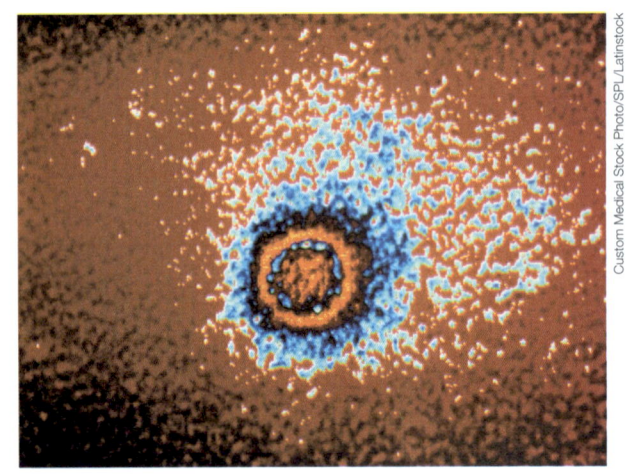

Vírus do resfriado. Fotografia obtida por microscópio eletrônico e colorizada artificialmente. Ampliação aproximada de 200 mil vezes.

Essas duas doenças são transmissíveis, isto é, podem passar de uma pessoa doente para uma saudável. Um espirro de alguém gripado em um ambiente fechado é o suficiente para colocar no ar uma quantidade enorme do vírus causador da gripe.

As gotas de saliva expelidas pelo espirro podem conter vírus causadores de doenças.

Os vírus ficam circulando no ar por meio das gotículas de saliva que a pessoa expeliu pelo espirro. Quando outra pessoa respira o ar com essas gotículas ou toca em um objeto contaminado e leva a mão à boca, aos olhos ou ao nariz, ocorre a transmissão.

A gripe é uma doença de fácil contágio. Geralmente, em poucos dias os sintomas desaparecem, e o doente sara. Há casos, porém, em que a gripe pode ser bem grave. Por isso, nas épocas de frio, o governo costuma fazer campanhas de prevenção contra essa doença. Leia atentamente as medidas sugeridas no cartaz de uma dessas campanhas.

Campanha do Ministério da Saúde para as pessoas se prevenirem da gripe.

Retome as respostas que deu às questões da página 86. Em sua opinião, a mãe preferia a janela do ônibus aberta para que o ar do interior dele fosse trocado? Por que ela falou que é importante lavar as mãos quando se vem da rua?

Dengue, zika e *chikungunya*

Essas três doenças também são provocadas por vírus e transmitidas pela picada do mesmo mosquito, o *Aedes aegypti*.

A fêmea do *Aedes aegypti* deposita seus ovos em locais próximos da água acumulada, como paredes internas de uma caixa-d'água destampada.

Na água, os ovos transformam-se em larvas e, depois, em mosquitos. A imagem a seguir mostra as fases dessa transformação.

Para prevenir-se da dengue, da zika e da *chikungunya* é importante impedir que o *Aedes aegypti* se reproduza. Como a fêmea depende da água para isso acontecer, as medidas preventivas sempre reforçam a importância de não deixar água acumulada. Outras medidas de prevenção também devem ser tomadas, tais como usar repelente contra insetos e telas de proteção de malha fina (mosquiteiro) nas residências.

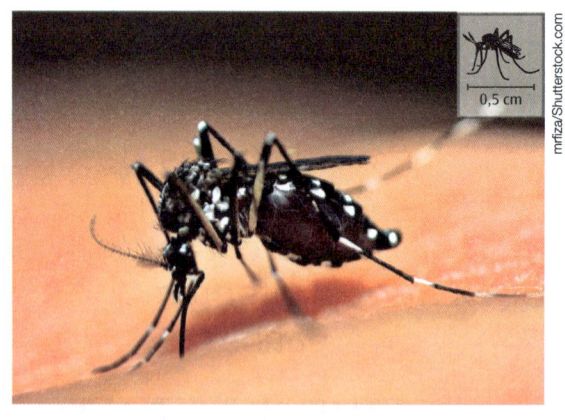

Fêmea do mosquito *Aedes aegypti* alimentando-se do sangue de uma pessoa.

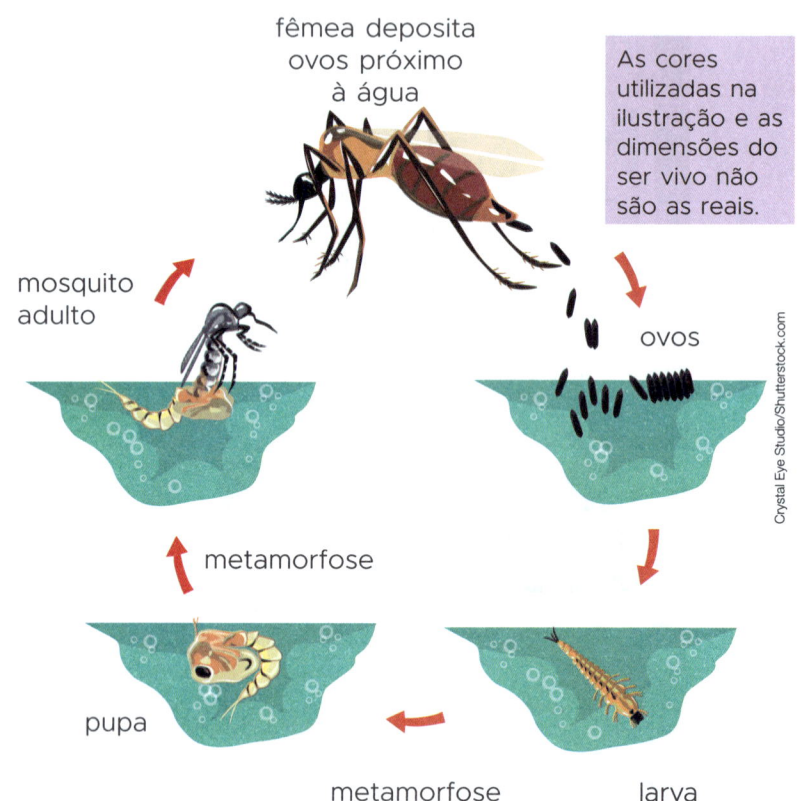

As cores utilizadas na ilustração e as dimensões do ser vivo não são as reais.

Esquema simplificado do ciclo de vida do *Aedes aegypti*.

Em determinadas épocas do ano, como o verão, o número de casos de dengue, zika e *chikungunya* aumenta muito. Para impedir que isso aconteça, são feitas muitas campanhas envolvendo os governos e outros setores da sociedade. Observe na página seguinte.

O cartaz ao lado é de uma das campanhas para prevenir essas três viroses.

Dengue, zika e *chikungunya* são doenças transmitidas pela picada da fêmea de um mosquito chamado *Aedes aegypti*.

Até personagens de histórias em quadrinhos dão dicas para impedir a reprodução dos mosquitos.

Algumas medidas de prevenção e tratamento contra a dengue, zika e *chikungunya*.

1. Complete:

a) Os vírus que causam a dengue, a *chikungunya* e a zika são transmitidos pela picada do _____ *Aedes aegypti*.

b) Para evitar que o mosquito se reproduza, as pessoas não devem deixar _____ acumulada.

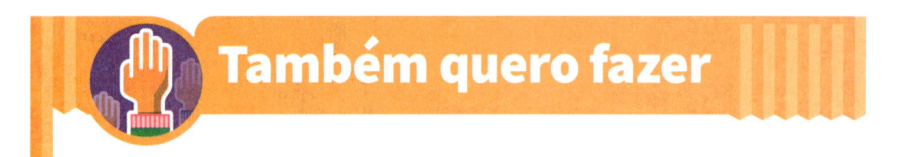
Parecem limpas... Mas estão mesmo?

Observe as mãos na imagem. Quais dessas mãos precisam ser lavadas antes de uma refeição? Anote suas ideias.

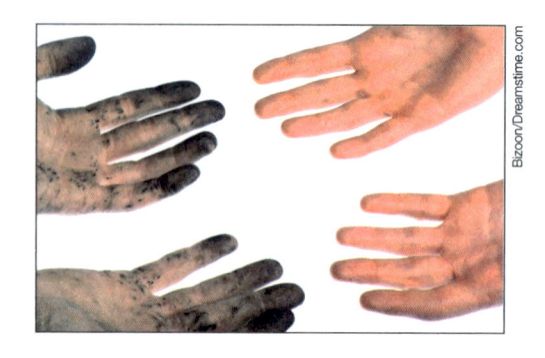

_____

_____

Material:

- 1 luminária com lâmpada incandescente;
- 1 caixa de papelão;
- 3 placas de Petri (com o meio de cultura);
- 2 hastes flexíveis;
- filme plástico;
- etiquetas;
- caneta.
- Meio de cultura preparado pelo professor: 1 pacote de gelatina incolor; 1 xícara de caldo de carne; 1 copo de água; 3 placas de Petri (ou tampas de potes).

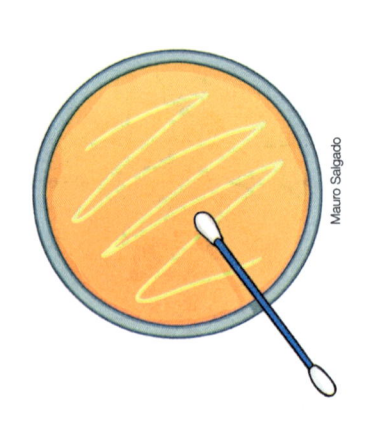

Modo de fazer

1. Antes de lavar as mãos para a hora do intervalo, dois alunos escolhidos pelo professor passam as hastes flexíveis nas mãos, em especial entre os dedos.

2. Depois, cada haste flexivel deve ser esfregada levemente sobre o meio de cultura. Um meio de cultura fica sem nada: ele é o controle. Os demais serão comparados com ele.

3. Os recipientes são cobertos com filme plástico e identificados com as seguintes etiquetas: Mão do aluno A, Mão do aluno B e Controle. Em seguida, coloque-os dentro da caixa de papelão e use a luminária para manter o experimento aquecido.

4. Nos espaços indicados, faça um desenho de como ficou cada recipiente logo após a preparação e após sete dias.

	Aluno A	Aluno B	Controle
Dia da preparação			
Após sete dias			

Conclusão

Reúna-se com um colega e, juntos, expliquem o que aconteceu.

_____

_____

_____

Contem ao professor e às demais duplas o que vocês pensaram.

Retome a resposta que você deu na página anterior. Suas ideias se confirmaram? Explique sua resposta.

_____

_____

_____

Atividade

1. Existem muitas doenças provocadas por vírus. Os quadros a seguir descrevem algumas delas, só que estão incompletos. Pesquise essas viroses em livros ou na internet e complete os quadros.

Doença	Caxumba
Principais sintomas	
Formas de prevenção	Tomar vacina e evitar contato com pessoas doentes.

Doença	Poliomielite
Principais sintomas	
Formas de prevenção	Tomar vacina.

Doença	Rubéola
Principais sintomas	
Formas de prevenção	

Doença	Sarampo
Principais sintomas	
Formas de prevenção	

Doença	Varicela ou catapora
Principais sintomas	
Formas de prevenção	

Doenças causadas por bactérias

As bactérias são microrganismos presentes no ar, na água e no solo. Caso encontrem um ambiente adequado, com nutrientes e umidade, por exemplo, elas se instalam e se reproduzem.

Na atividade proposta na seção **Também quero fazer**, você viu que mãos aparentemente limpas tinham bactérias, que se desenvolveram ao ser colocadas no meio de cultura.

Converse com os colegas sobre o que pode acontecer se uma pessoa colocar a mão aparentemente limpa na boca. E se ela pegar um alimento e depois comê-lo?

As doenças causadas por bactérias são chamadas **bacterioses**. Caso essas bactérias sejam introduzidas no corpo, podem encontrar nele um meio adequado para se desenvolver.

Uma bacteriose bastante comum entre as pessoas é a **disenteria bacteriana**. Seu principal sintoma é a **diarreia**. A transmissão da bactéria causadora da disenteria pode ocorrer pela água, por alimentos contaminados ou pelo contato com fezes contaminadas.

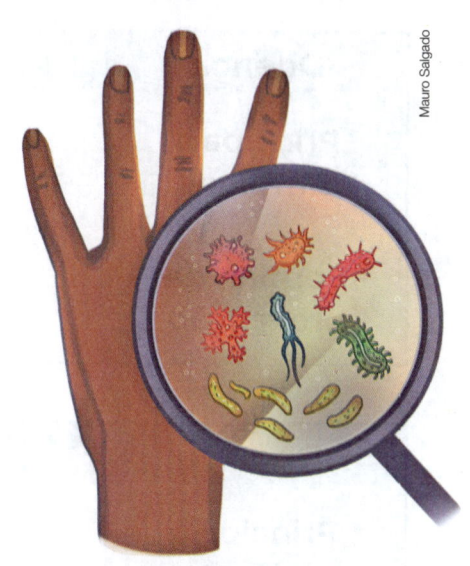

Mauro Salgado

Os microrganismos estão em quase todos os locais, até nas mãos das pessoas.

Diarreia: eliminação frequente de fezes líquidas.

Uma das formas de se proteger dessa doença é lavar as mãos antes de comer e depois de usar o banheiro. Além disso, é importante lavar os alimentos que serão comidos crus e mantê-los sempre embalados ou cobertos.

Você sabia que existe uma técnica para se lavar as mãos? Veja:

1 Coloque o sabão na palma da mão.

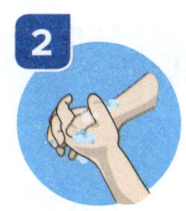
2 Entrelace os dedos para esfregar bem entre eles.

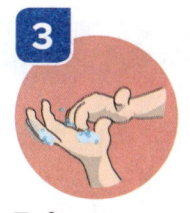
3 Esfregue as palmas das mãos com as pontas dos dedos.

4 Esfregue o dorso das mãos.

5 Enxágue as mãos.

6 Seque as mãos.

Jakinnboaz/Shutterstock.com

1. Existem outras bacterioses, além da disenteria bacteriana. Faça uma pesquisa em livros ou na internet para completar os quadros abaixo e saber um pouco mais informações delas.

Doença	Tétano
Principais sintomas	
Formas de prevenção	

Doença	Tuberculose
Principais sintomas	
Formas de prevenção	

Doença	Leptospirose
Principais sintomas	
Formas de prevenção	

Doença	Meningite meningocócica
Principais sintomas	
Formas de prevenção	

Doenças de plantas

Existem alguns microrganismos que causam doenças nos vegetais. Quando esses seres atingem as lavouras, acabam provocando um prejuízo muito grande para o agricultor.

A doença representada na imagem ao lado é provocada por um vírus. Compare a folha de uma planta doente, toda enrolada, com a de uma planta normal.

Enrolamento da folha.

A ferrugem do café é uma doença causada por fungo. Na imagem, folhas de um pé de café com sintomas da doença nas folhas.

Ferrugem do café.

O cancro cítrico é uma bacteriose que ataca os citros, isto é, plantas como a lima, a tangerina, o limão e a laranja. Transmitida pelo ar, por mudas, por veículos e até mesmo pelas chuvas, a doença causa perda de folhas nas plantas, lesões e queda prematura de frutos.

Limão com sintomas de cancro cítrico.

97

Doenças causadas por protozoários

Tanques de areia sem proteção e cobertura podem ter fezes de animais na areia.

Brincar em um tanque de areia é bem divertido. Mas você sabia que a areia do tanque pode estar contaminada por microrganismos que causam doenças?

Um deles é um protozoário que pode causar uma doença, chamada **toxoplasmose**, nas pessoas e em outros animais, como os gatos. Se a areia ficar descoberta, algum gato contaminado pode defecar nela e eliminar o protozoário com as fezes. O ruim é que, mesmo depois que as fezes são retiradas do tanque, o protozoário permanece na areia. Caso alguma criança brinque ali e leve a mão à boca pode adquirir toxoplasmose. Em geral essa doença tem sintomas parecidos com os da gripe, mas há casos muito mais graves.

A **doença de Chagas** e a **malária** são doenças causadas por protozoários e transmitidas por insetos. Elas são mais comuns em regiões de mata e podem ser prevenidas combatendo-se os insetos transmissores, utilizando repelente e telas de proteção contra insetos (mosquiteiros).

A doença de Chagas é transmitida pelas fezes contaminadas do barbeiro, pois ele defeca enquanto suga o sangue das pessoas. Assim, ao se coçar, elas acabam levando essas fezes até a ferida e podem se contaminar.

Já a malária é transmitida pela picada do mosquito-prego de maneira semelhante à dengue e demais doenças transmitidas por mosquitos.

Barbeiro.

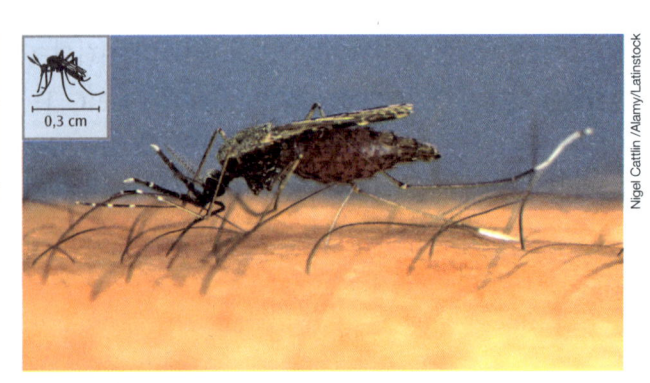

Mosquito-prego.

Doenças causadas por fungos

Na unidade anterior, você viu que alguns fungos podem provocar o surgimento de micoses de pele. Existem outras doenças causadas por fungos microscópicos, que podem ser transmitidas de diferentes formas. Veja o exemplo a seguir.

Dar comida aos pombos nas praças é uma atividade bastante comum, mas sabia que pode ter consequências graves?

A proximidade dos pombos com a população pode trazer sérios riscos à saúde humana. Quando contaminados, são transmissores de diversas doenças. Nas fezes dos pombos, podem se desenvolver fungos causadores de doenças em humanos.

Os pombos urbanos, nativos da Europa, adaptaram-se muito bem ao Brasil, pois encontraram alimentação e abrigo em quantidade.

Para saber mais

Como lidar com os pombos

A orientação [...] é para que o morador não varra as fezes secas dos pombos para evitar que seja inalada. A pessoa deve umedecer com água para remover e sempre utilizar máscara ou pano úmido na boca e nariz no momento da limpeza. O uso de água sanitária ou cloro também são recomendados.

[...] para evitar a proliferação, a primeira medida a ser tomada é não alimentar os pombos. [...] Com a falta de comida, as aves são forçadas a procurar alimento em outros locais. [...]

[...] os pombos são aves silvestres de montanhas, por isso, na cidade, se acostumam a fazer ninhos em [...] prédios, telhados e forros de casas [...]. Outro ponto [...] para reduzir a proliferação das aves é impedir que façam ninhos nesses locais, isolando com telas ou fios e linhas qualquer fresta ou local que possa abrigar seu ninho. [...]

Zoonose orienta sobre controle da população de pombos em Tietê, SP. *TV Tem/G1*, 20 mar. 2012. Disponível em: <http://g1.globo.com/sao-paulo/itapetininga-regiao/noticia/2012/03/zoonoses-orienta-sobre-controle-da-populacao-de-pombos-em-tiete-sp.html>. Acesso em: 5 set. 2017.

1. Qual é o objetivo da mensagem do cartaz ao lado?

_____

_____

_____

_____

_____

_____

SUAS MÃOS LEVAM A SAÚDE. NÃO DEIXE ELAS CONTAREM OUTRA HISTÓRIA!

Para diminuir o risco de infecções, a higienização correta das mãos é fundamental.

Ministério da Saúde

2. Os cuidados com a higiene do corpo, com os alimentos e com o ambiente são fundamentais para a prevenção de doenças. Você sabe a diferença entre esses cuidados? Junte-se a um colega e dividam os cuidados com a higiene a seguir em três grupos.

Manter o chão limpo.

Não colocar a mão suja na boca.

Lavar os alimentos que serão consumidos crus.

Colocar o leite na geladeira.

Manter o cesto de lixo tampado.

Não beber no copo já usado por outra pessoa.

Lavar as mãos com frequência.

Manter os ambientes bem ventilados.

Manter os alimentos cobertos.

Grupo 1: Higiene pessoal	Grupo 2: Higiene com os alimentos	Grupo 3: Higiene com o ambiente

⚛ Prevenção é o melhor caminho

Além de manter bons hábitos de higiene, a vacinação é outra forma de ficar livre de muitas doenças. Esse é um direito de todas as pessoas, disponibilizado pelo governo. O Ministério da Saúde prepara, todos os anos, um calendário de vacinação para a população. Veja o calendário de vacinação da criança.

Vacina	Idade para vacinação	Doença que previne
BCG	Ao nascer	Tuberculose
Hepatite A	Entre 15 e 23 meses	Hepatite A
Hepatite B	Ao nascer	Hepatite B
Pentavalente	2 meses – 4 meses – 6 meses	Difteria, tétano, coqueluche, influenza B, hepatite B
DTP	15 meses – 4 anos	Reforço para difteria, coqueluche e tétano
Meningocócica C	3 meses – 5 meses – 12 meses	Meningite
VIP/VOP	2 meses – 4 meses – 6 meses – 15 meses – 4 anos	Paralisia infantil (ou poliomielite)
Pneumocócica 10V	2 meses – 4 meses – 12 meses	Doenças causadas por bactérias pneumococos
Rotavírus	2 meses – 4 meses	Diarreia causada por rotavírus
Febre amarela	9 meses	Febre amarela (tomar antes de viajar para área de risco)
Tríplice viral	12 meses	Sarampo, rubéola e caxumba
Tetra viral	15 meses	Sarampo, rubéola, caxumba e varicela (catapora)
HPV	2 doses (meninas: de 9 a 14 anos; meninos: de 12 a 13 anos)	Vírus do papiloma humano (HPV)

Calendário de vacinação da criança de 2017. Fonte: Ministério da Saúde.
Disponível em: <http://portalms.saude.gov.br/acoes-e-programas/vacinacao/calendario-nacional-de-vacinacao>. Acesso em: 22 jan. 2018.

1. Utilize a Caderneta de Vacinação **reproduzida** a seguir e preencha as datas em que você tomou as vacinas.

VACINAS

BCG	Hepatite A	Hepatite B	Pentavalente	DTP	Meningocócica C	VIP/VOP	Pneumocócica 10V	Rotavírus	Febre amarela	Tríplice viral	Tetra viral	HPV

Marcos de Mello

2. Quantas vacinas você já tomou? Registre nas linhas abaixo as doenças contra as quais você **está** protegido.

_____

_____

_____

3. Há vacinas que você ainda não tomou? Se sim, procure saber o motivo.

_____

_____

_____

O que estudamos

- Os microrganismos – bactérias, protozoários, vírus e alguns fungos – podem estar em qualquer lugar.
- Entre os microrganismos alguns podem causar doenças.
- A gripe e o resfriado são duas viroses de fácil contágio. Evitar ambientes fechados e sempre lavar as mãos são medidas necessárias para evitar essas doenças.
- Algumas bactérias podem se instalar no ser humano e provocar doenças. Uma das bacterioses bastante comuns entre as pessoas é a disenteria bacteriana, cujo principal sintoma é a diarreia.
- Os protozoários causadores de doenças, como os presentes nas fezes de gatos contaminados, podem estar na areia.
- A vacinação é uma forma de prevenir muitas doenças.

Hábitos de higiene, como lavar as mãos corretamente, ajudam na prevenção de algumas doenças.

HughStonelan/iStockphoto.com

1. Marque um **X** nas informações corretas a respeito dos vírus.

☐ São seres vivos mais recentemente identificados devido ao desenvolvimento de microscópios eletrônicos com maior capacidade de ampliação que os ópticos.

☐ São eliminados facilmente em época de calor.

☐ Podem ser transmitidos de uma pessoa contaminada para uma saudável.

2. Escreva **V** nas afirmações verdadeiras e **F** nas falsas.

☐ A transmissão da gripe ocorre de uma pessoa para outra.

☐ Só é necessário lavar as mãos quando vamos comer com a mão.

☐ É importante manter o alimento perecível, como a carne, sob refrigeração.

3. Ligue as doenças da lista à esquerda com as medidas preventivas nas opções à direta.

disenteria bacteriana	Tomar a vacina tríplice viral ou SRC.
catapora	Lavar as mãos antes das refeições e só tomar água potável.
tétano	Evitar o contato com pessoa infectada no período de transmissão e tomar as medidas de higiene pessoal.
sarampo	Tomar a vacina antitetânica.

4. Piriri é uma forma popular de se referir à diarreia. Considerando as doenças que você estudou, responda:

a) A diarreia é o principal sintoma de qual doença?

_____

b) Quais são as formas de prevenir essa doença?

_____

_____

_____

_____

5. Febre amarela e escarlatina são doenças causadas por microrganismos. Faça uma pesquisa sobre elas e responda:

a) Quais são os microrganismos causadores?

_____

_____

_____

b) Qual é a forma de transmissão?

_____

_____

_____

_____

c) Quais são as formas de prevenção?

_____

_____

_____

_____

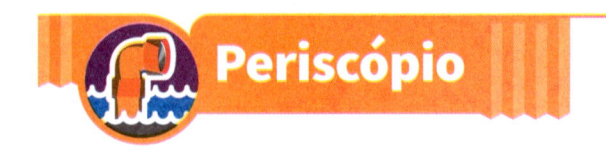

📖 Para ler

Dia de vacina, de Sandra Ronca. Rio de Janeiro: Rovelle, 2013.
O livro conta a história de uma menina que nunca reclamava de tomar vacinas, até acontecer algo inesperado.

Pequenos seres vivos, de Gilberto Martho. São Paulo: Ática, 2005. Coleção de Olho na Ciência.
Ciência de forma interessante, conectada ao dia a dia. O livro aborda alguns microrganismos, discutindo os benefícios e os malefícios que trazem aos seres humanos.

Amanda no país da consciência, de Leonardo Mendes Cardoso. São Paulo: Editora do Brasil, 2017.
Chega o dia de voltar às aulas e Amanda está ansiosa. Para piorar a tensão, sua melhor amiga, Lud, não foi à escola porque está com dengue! Sem saber como ajudar a amiga, Amanda decide ir em busca de informações sobre essa doença tão perigosa e descobre meios muito eficazes de combate aos males causados pelo mosquito que transmite a dengue e outras doenças como zika e *chikungunya*.

👆 Para acessar

Fundação Osvaldo Cruz (Fiocruz): instituição vinculada ao Ministério da Saúde, é responsável por promover a saúde e o desenvolvimento social, gerar e difundir conhecimento científico e tecnológico, e ser um agente da cidadania.
Disponível em: <https://portal.fiocruz.br/pt-br>. Acesso em: 5 jul. 2017.

Portal da Saúde. Brasil: diversos temas sobre o que acontece na área de saúde de nosso país. Dicas de vacinação e outros itens do cuidado pessoal.
Disponível em: <http://portalsaude.saude.gov.br>. Acesso em: 5 jul. 2017.

Quem come o quê?

1. Decifre a carta enigmática e escreva em seu caderno.

Em um dia de ☀, o 🦗 comia as 🍃 🍃 de uma 🌳.

Um 🐸 que estava de 👁, pulou e comeu o 🦗.

O 🐸 então foi até uma 🪨 à beira do 🏞.

De repente, apareceu uma 🐍 e comeu o 🐸.

A 🐍 não foi muito longe, pois um 🦅 estava à es-preita e a comeu.

Ninguém comeu o 🦅, que depois de alguns anos, já velho, morreu.

E agora, o que vai acontecer com o 🦅 morto?

Mauro Salgado

Tudo tem um porquê!

Todos os dias, na hora das refeições, o pai de Amanda insiste para ela comer verduras. Amanda não gosta de nenhum tipo de verdura.

O pai explicou que, se não houvesse mais verduras, não haveria bife para ela comer.

Você sabe por quê?

 Pense e converse

- Que resposta você daria a essa pergunta?
Comente suas ideias com os colegas e o professor.

Você conhece o Pantanal?

O **Pantanal** brasileiro está localizado na Região Centro-Oeste. Uma de suas principais características é que, entre outubro e abril, o nível dos rios da região aumenta por causa das chuvas e parte da área pantaneira fica alagada. Nessa região existem muitos tipos de seres vivos.

Cada ser vivo do Pantanal, seja animal, planta, fungo, ou bactéria, é um **organismo**.

Muitos organismos vivem no Pantanal:

Vista aérea do Pantanal. Poconé, Mato Grosso, 2014.

Tuiuiú.

Jacaré-do-pantanal.

Veado-campeiro.

Onça-pintada.

O aguapé é uma planta aquática e o ipê-rosa é uma planta terrestre.

109

Cadeia alimentar

Agora que você conhece alguns habitantes do Pantanal, vai conhecer como eles se relacionam.

A imagem a seguir representa o Pantanal. Ela destaca algumas situações que acontecem com seres vivos típicos da região.

- Circule na figura três situações relacionadas à alimentação de animais.
- Agora, descreva a relação que acontece entre:

a) o urubu, o veado-campeiro e o jacaré;

_____

_____

b) o filhote de capivara e a serpente;

_____

_____

Representação artística do Pantanal e algumas relações entre seres vivos.

c) a onça e o veado-campeiro.

_____

_____

Na atividade anterior você destacou situações que acontecem no Pantanal.

- Agora, pense em uma situação relacionada à alimentação que acontece com você. Escreva o que você pensou.

_____

_____

As cores e as proporções entre as estruturas representadas não são as reais.

Luiz Eugenio

Produtores e consumidores

Os seres vivos que habitam o mesmo ambiente estão ligados uns aos outros pela alimentação. Isso quer dizer que alguns servem de comida para os outros. Veja na imagem um exemplo desse tipo de relação entre seres vivos que habitam o Pantanal.

As imagens não estão representadas na mesma proporção.

Capim.

Veado-campeiro.

Sucuri.

Essa relação deve ser lida da seguinte forma:

- **A** O capim serve de alimento para o veado-campeiro, que serve de alimento para a sucuri.

As imagens não estão representadas na mesma proporção.

1. Observe agora estas duas sequências de seres vivos e escreva embaixo de cada uma como deve ser lida.

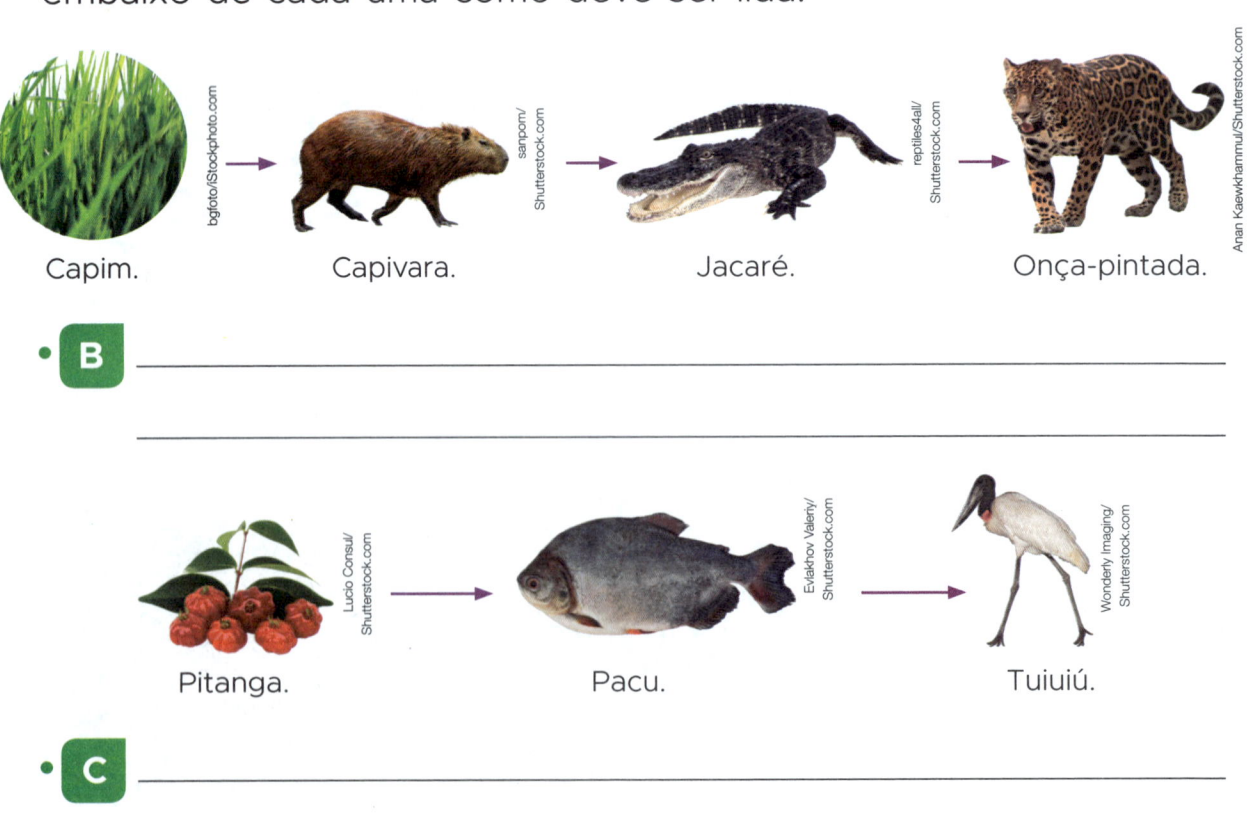

Capim.

Capivara.

Jacaré.

Onça-pintada.

- **B** _____

_____

Pitanga.

Pacu.

Tuiuiú.

- **C** _____

_____

2. Responda às questões a seguir.

a) Observe os seres vivos que iniciam cada sequência. O que há de comum entre eles?

_____

b) Um animal poderia estar no início dessas sequências? Por quê?

_____

_____

As sequências de seres vivos apresentadas são chamadas de **cadeias alimentares**. Cada ser que faz parte da cadeia alimenta-se do que está colocado antes dele.

As cadeias alimentares iniciam com um vegetal. As plantas são chamadas de **seres produtores**, porque conseguem fabricar o próprio alimento. Os demais seres da cadeia, inclusive o ser humano, alimentam-se de outros seres vivos. Eles são os **consumidores**, pois para sobreviver devem consumir alimentos do ambiente.

O capim serve de alimento para o boi. O boi serve de alimento para o ser humano.

Retorne à página 108. Você considerou que, por mais que a pessoa coma apenas carne, depende indiretamente dos vegetais? O animal de que ela come a carne alimentou-se de vegetais ou de outro animal que comeu vegetais.

1. Agora, pense na questão a seguir e converse com os colegas e o professor.

- O que acontece com os seres produtores e consumidores quando morrem?

Decompositores

Nas cadeias alimentares, além de produtores e consumidores, existem seres **decompositores**. Entre eles estão certas bactérias e alguns fungos que você já conhece. Os decompositores alimentam-se da matéria orgânica proveniente de seres que morreram ou de partes deles, como folhas e fezes. Veja a participação deles na cadeia alimentar abaixo.

Fungos decompositores.

Águia.

Serpente.

Capim.

Gafanhoto.

Roedor.

As imagens não estão representadas na mesma proporção.

Cadeia alimentar com produtores (capim), consumidores (animais) e decompositores (fungos).

1. Leia o texto a seguir e responda às questões.

A **decomposição** é um processo complexo que pode ser explicado de maneira simplificada como a transformação da matéria orgânica em minerais. Portanto, os decompositores restituem os minerais, utilizados pelos produtores, de volta ao ambiente. Dessa forma, eles promovem a reciclagem desses minerais.

a) Os decompositores são importantes para a natureza? Justifique.

_____

_____

b) Que seres vivos podem utilizar os minerais que retornam ao ambiente após o processo de decomposição?

_____

Transmissão de energia e de matéria nos ambientes

As plantas são seres produtores porque fazem fotossíntese, isto é, fabricam o próprio alimento. Para isso precisam da luz solar. Na realidade, elas usam a energia da luz. A partir daí, a energia e a matéria vão, aos poucos, sendo transferidas.

Para compreender como ocorre esse processo, analise o esquema a seguir lendo a legenda.

Esquema que mostra a transmissão de energia e matéria em um ambiente.

1. A planta fabrica seu alimento usando a energia da luz. Ela gasta uma parte dessa energia para se manter viva, enquanto outra parte fica armazenada em seu corpo.

2. O gafanhoto come a planta. Nesse momento, a energia acumulada na planta mais a matéria que formava o corpo dela passam para o gafanhoto. O inseto usará parte dessa energia para se manter vivo.

3. O sapo come o gafanhoto. Nesse momento, a energia acumulada no gafanhoto mais a matéria que formava o corpo dele passam para o sapo. O sapo usará parte dessa energia para se manter vivo.

4. A serpente come o sapo. Nesse momento, a energia acumulada no sapo mais a matéria que formava o corpo dele passam para a serpente. A serpente usará parte dessa energia para se manter viva.

5. O gavião come a serpente. Nesse momento, a energia acumulada na serpente mais a matéria que formava o corpo dela passam para o gavião. O gavião usará parte dessa energia para se manter vivo.

6. Os produtores e consumidores, ou parte deles, dessa cadeia serão decompostos e a energia deles passará para os decompositores. Os minerais resultantes da decomposição serão misturados ao solo e aproveitados pelas plantas. Nesse momento, a matéria é reintroduzida no ciclo, mas a energia não.

Como o ser vivo precisa de parte da energia obtida do alimento para se manter vivo, ele tem "menos" energia para passar adiante.

Você viu que, além da energia, os seres vivos recebem a matéria que formava o corpo do ser que eles comeram.

A transmissão de energia se dá na forma de um **fluxo** que inicia com Sol, mas não retorna a ele. Já a transmissão da matéria consiste em um ciclo, que começa nos produtores e retorna a eles após a ação dos decompositores.

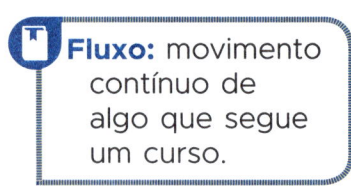

Fluxo: movimento contínuo de algo que segue um curso.

Agora, junte-se a um colega e respondam às questões a seguir.

1. Qual é a fonte primária de energia em um ambiente? _____

2. Por que podemos dizer que em um ambiente a matéria é cíclica e a energia não? Justifique a sua resposta.

_____

_____

_____

_____

Atividades

1. Analise a imagem abaixo. Depois, responda às questões.

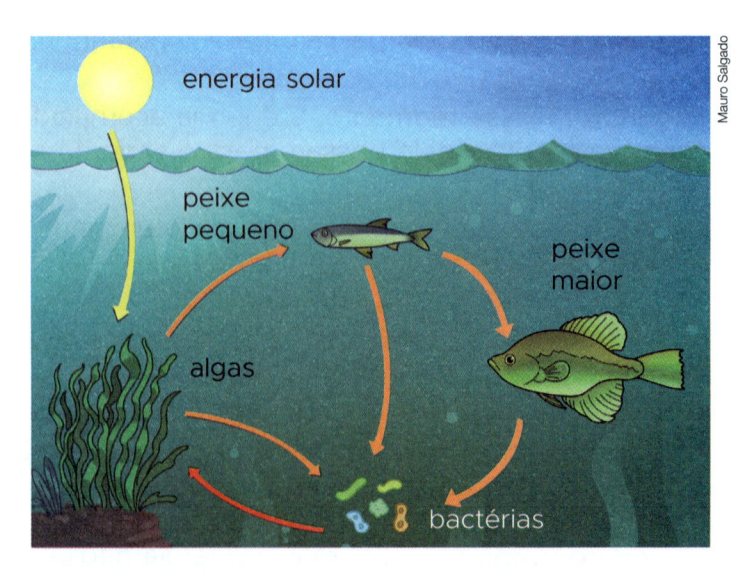

As cores e as proporções entre as estruturas representadas não são as reais.

a) Qual é a fonte primária de energia?

_____

b) Quem são os seres produtores? Por quê?

_____

_____

c) Quais são os seres consumidores? Por quê?

_____

_____

_____

d) Há uma seta que sai do Sol e chega às algas. O que ela representa? Por que ela tem cor diferenciada das demais?

_____

_____

e) Estão corretas as setas que saem das algas e dos peixes em direção aos decompositores? Explique os que essas setas representam.

_____

_____

_____

_____

f) Há uma seta indo dos decompositores para as algas. O que essa seta representa?

_____

_____

_____

_____

2. Monte duas cadeias alimentares nas quais o ser humano esteja presente. Em uma delas, ele deve consumir um vegetal; na outra, um animal. Você pode utilizar desenhos e recortes. Apresente seu trabalho aos colegas.

As teias alimentares

Na natureza, as relações de alimentação entre os seres vivos são mais complexas, porque os seres participam de várias cadeias alimentares ao mesmo tempo. O conjunto de cadeias alimentares que se relacionam é chamado de **teia alimentar**.

Veja a seguir as posições que podem ser ocupadas pelo ser humano e pela galinha nestas cadeias alimentares em que o produtor é o milho.

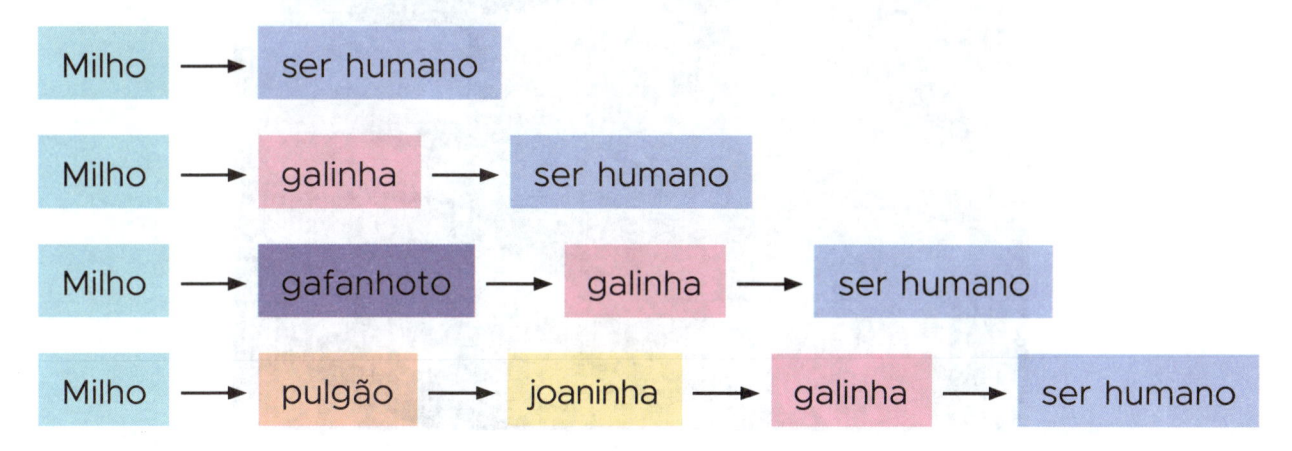

Se essas cadeias fossem representadas ao mesmo tempo, estaria formada uma teia alimentar. Veja a imagem.

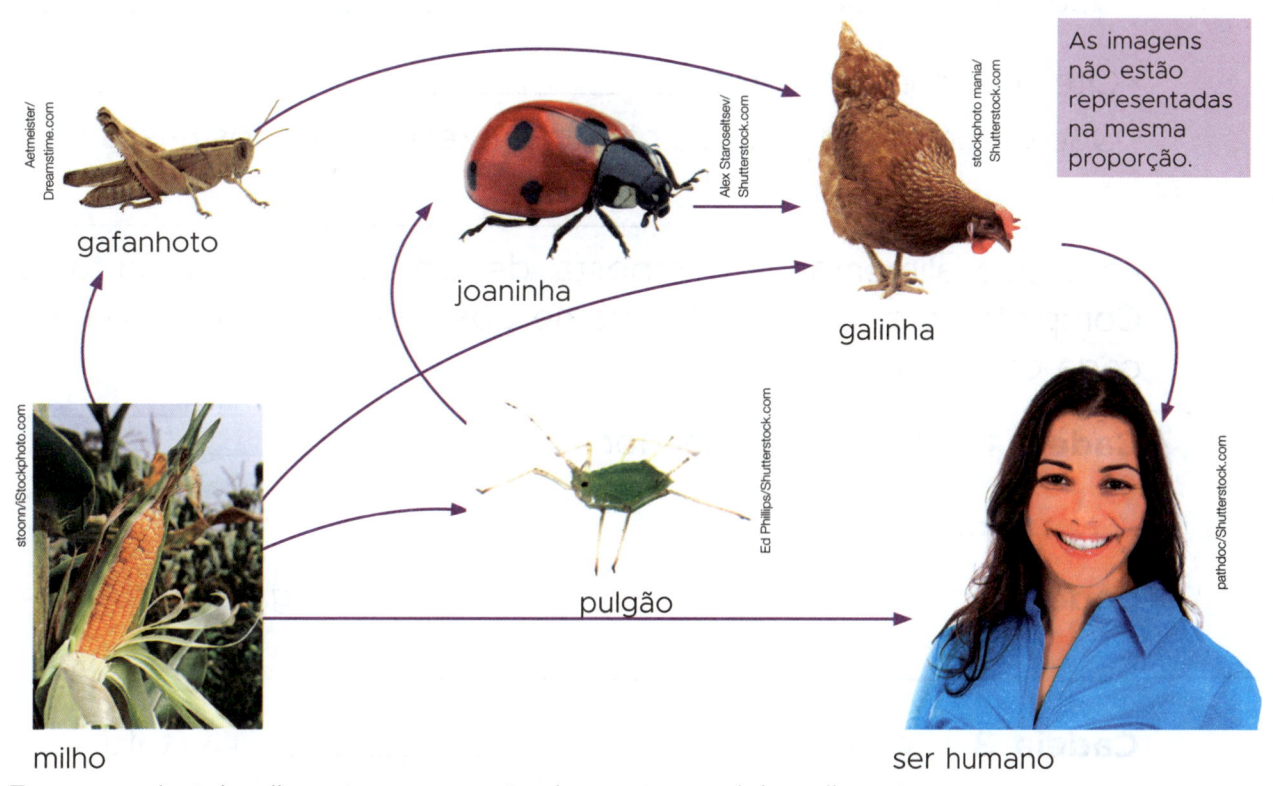

As imagens não estão representadas na mesma proporção.

Esquema de teia alimentar composta de quatro cadeias alimentares.

1. Esta imagem representa uma teia alimentar. Analise as cadeias alimentares que compõem essa teia e faça as atividades propostas.

Vagner Coelho

a) Responda:

- Quem é o produtor? _____

- Cite dois consumidores. _____
- Que grupo de seres vivos não foram representados nessa teia?

  _____

b) Essa teia alimentar é composta de três cadeias alimentares. Complete as cadeias com o nome dos seres vivos que formam cada cadeia abaixo.

Cadeia 1 – grama ⟶ roedor ⟶ _____ ⟶

_____

Cadeia 2 – _____ ⟶ gafanhoto ⟶

_____ ⟶ _____ ⟶ gavião

Cadeia 3 – grama ⟶ _____ ⟶ tatu ⟶

_____

O que estudamos

- Os seres vivos que habitam o mesmo ambiente podem estar relacionados uns aos outros pelas cadeias alimentares.
- As cadeias alimentares iniciam com os produtores, seres que produzem o próprio alimento usando a energia solar.
- Os seres que necessitam alimentar-se de outros seres são os consumidores.
- Cada um dos consumidores que faz parte da cadeia alimenta-se do que está antes dele.
- Os seres decompositores – certas bactérias e alguns fungos – devolvem ao solo os minerais usados pelos produtores.
- As cadeias alimentares representam formas de ocorrer transmissão de energia e de matéria.
- As teias alimentares são representações de várias cadeias alimentares que se relacionam.

A energia do Sol chega aos consumidores pelas cadeias alimentares.

primeimages/iStockphoto.com

As cores e as proporções entre as estruturas representadas não são as reais.

1. Os seres vivos abaixo compõem uma cadeia alimentar.

Ilustrações: Paula Lobo

a) Escreva a posição de cada um deles nessa cadeia.

b) Depois, numere os quadrinhos de acordo com a sequência correta de uma cadeia alimentar e coloque as setas das relações de alimentação.

2. O texto a seguir descreve uma teia alimentar. Represente-a por meio de um esquema.

Em um ambiente, um sapo alimenta-se de um grilo, que, por sua vez, alimenta-se de vegetais. O sapo, posteriormente, serve de alimento para uma serpente, que se torna alimento de um gavião. Além da serpente, o gavião também se alimenta, nesse ambiente, de pássaros herbívoros.

3. Observe as três cadeias alimentares representadas abaixo e faça o que se pede.

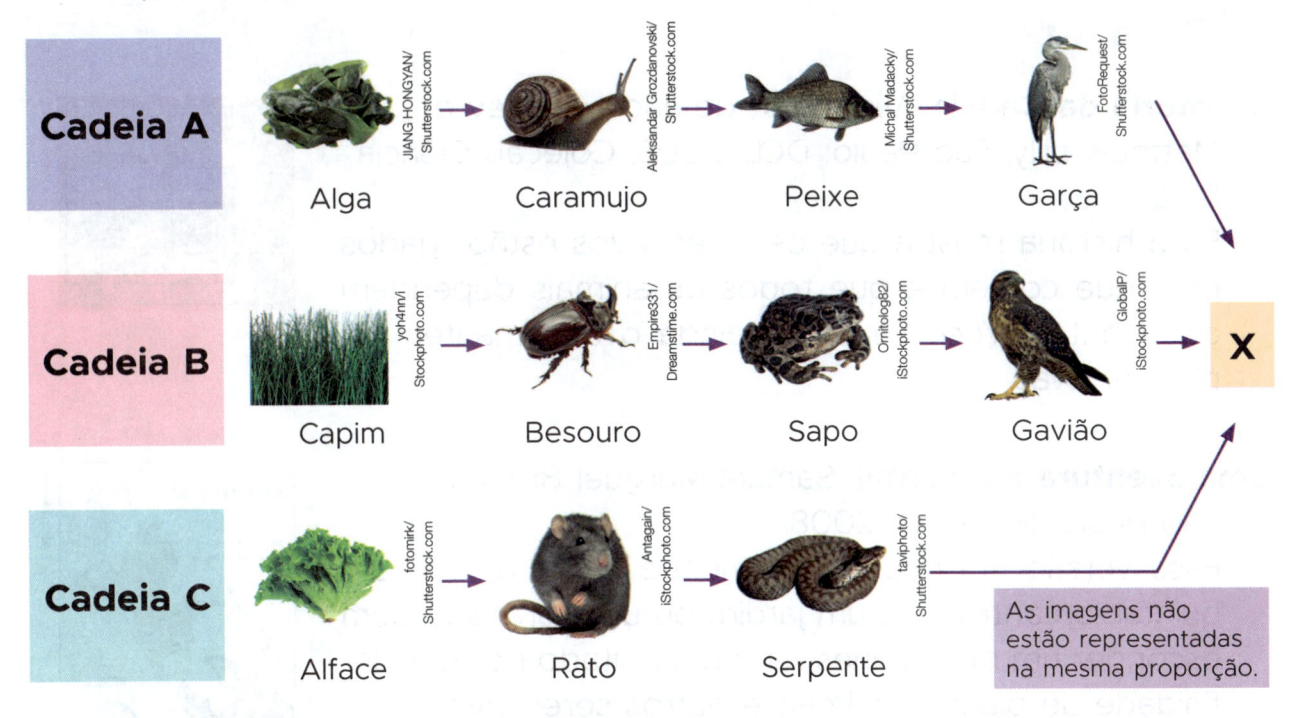

Cadeia A
Alga → Caramujo → Peixe → Garça

Cadeia B
Capim → Besouro → Sapo → Gavião → X

Cadeia C
Alface → Rato → Serpente

As imagens não estão representadas na mesma proporção.

a) Circule os produtores e sublinhe os consumidores.

b) Que seres vivos estão representados por **X**?

_____

4. Leia a tirinha a seguir. Miguelito citou uma cadeia alimentar. Represente essa cadeia.

© Joaquín Salvador Lavado (QUINO) TODA MAFALDA/ Fotoarena/Quino

_____

_____

📖 Para ler

A história da Cadeia Alimentar, de Jacqui Bailey e
Matthew Lilly. São Paulo: DCL, 2008. Coleção Ciência
Viva.
Essa história mostra que os seres vivos estão ligados
pelo que comem e que todos os animais dependem
das plantas. Você vai saber ainda o que mantém as
plantas vivas.

Uma aventura no quintal, Samuel Murguel Branco.
São Paulo: Moderna, 2008.
Essa versão em quadrinhos mostra ao leitor que um
quintal, o canteiro de um jardim ou uma praça podem
esconder um mundo inesperado, habitado por uma in-
finidade de plantas, animais e outros seres vivos.

Matar sapo dá azar, de Hardy Guedes. Curitiba: Terra
Sul, 2012.
A relação entre os seres vivos com base na crença
popular de que matar sapos dá azar mostra a importância deles para o equilíbrio ambiental.

👆 Para acessar

Coveiros da natureza: quando um bicho do mato morre, os besouros-
-carniceiros vão ao trabalho. Disponível em: <http://chc.org.br/coveiros-
da-natureza/>. Acesso em: 12 jun. 2017.

Explorando o ambiente

Observe a cena e circule as pessoas que estão se locomovendo.

André Valle

🌿 Caminhar é preciso

Ficar flutuando no interior de uma nave espacial parece uma experiência incrível. Entretanto, para fazer isso, os astronautas precisam se preparar fisicamente. Leia a reportagem e entenda o que acontece com eles.

Astronauta volta à Terra com musculatura de uma pessoa de 80 anos

[...] Astronautas, depois de passarem seis meses na Estação Espacial Internacional (ISS), podem ficar com as mesmas condições físicas de um velhinho de 80 anos. [...]

Os pesquisadores descobriram que os astronautas perderam mais de 40% da força dos músculos da panturrilha. Esses músculos são de extrema importância para o equilíbrio e postura do corpo. A perda da força destes músculos nos níveis verificados equivale a ficar duas vezes mais velho. [...]

Astronauta realizando manutenção na Estação Espacial Internacional no ano de 1988.

Último segundo, *IG*, 20 ago. 2010. Disponível em: <http://ultimosegundo.ig.com.br/ciencia/astronauta-volta-a-terra-com-musculatura-de-uma-pessoa-de-80-anos/n1237755166816.html>. Acesso em: 14 jun. 2017.

Pense e converse

- Que alteração acontece no corpo dos astronautas depois de ficarem muito tempo no espaço?
- O que os astronautas precisarão fazer para se recuperar das alterações que ocorreram no corpo?

Comente suas ideias com os colegas e o professor.

A maior parte dos animais não vive fixa em um **substrato**. Isso significa que eles podem se locomover pelo ambiente e, assim, conseguir alimento, água e abrigo.

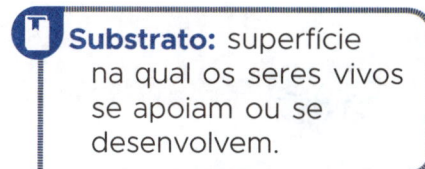

Substrato: superfície na qual os seres vivos se apoiam ou se desenvolvem.

Guepardo perseguindo chacal.

Golfinhos alimentando-se de sardinhas.

Águia pescando peixe.

Com o ser humano não é diferente. Os primeiros registros da vida humana mostram que as pessoas se locomoviam para realizar diversas atividades.

Hoje, para se locomover, os seres humanos têm recursos que não existiam no passado, como carros, ônibus e outros meios de transporte.

Pintura em rocha no sítio arqueológico do Parque Nacional da Serra da Capivara (Piauí).

Músculos precisam movimentar-se

Você já quebrou um osso? Alguma parte de seu corpo foi imobilizada por causa de algum problema? Se já viveu essa experiência, sabe que, quando o gesso é retirado, há dificuldade de mexer a parte que foi imobilizada e percebemos que os músculos diminuíram de tamanho.

Por isso, geralmente os médicos indicam atividades que possibilitam a recuperação dos movimentos e da força muscular.

Na resposta que você deu à segunda questão da página 126, você considerou que os astronautas, para recuperar a força e os movimentos das pernas, devem exercitar-se aos poucos?

Seguindo passos do passado

Um brasileiro [Airton Ortiz] refez o caminho dos primeiros seres humanos, saindo da África até chegar ao Brasil.

Você já deve ter ouvido falar que nosso parente mais distante viveu na África. Entretanto, já parou para pensar o que aconteceu para que existam habitantes em todo o planeta hoje? [...]

Cerca de 120 mil anos atrás [...] a espécie humana [...] deu início a essa jornada. O caminho começou subindo o continente africano até passar pelo vale do Rio Nilo e penetrar na Ásia. Depois, seguiu para o Oriente Médio e ingressou nas Américas pelo Alasca, descendo até o Brasil [...]. Longa caminhada, não? [...]. Nessa viagem de três meses, o jornalista brasileiro [visitou] sítios arqueológicos e museus onde estão guardados os fósseis que contam a história da humanidade.

Mundo: expansão do *Homo sapiens*

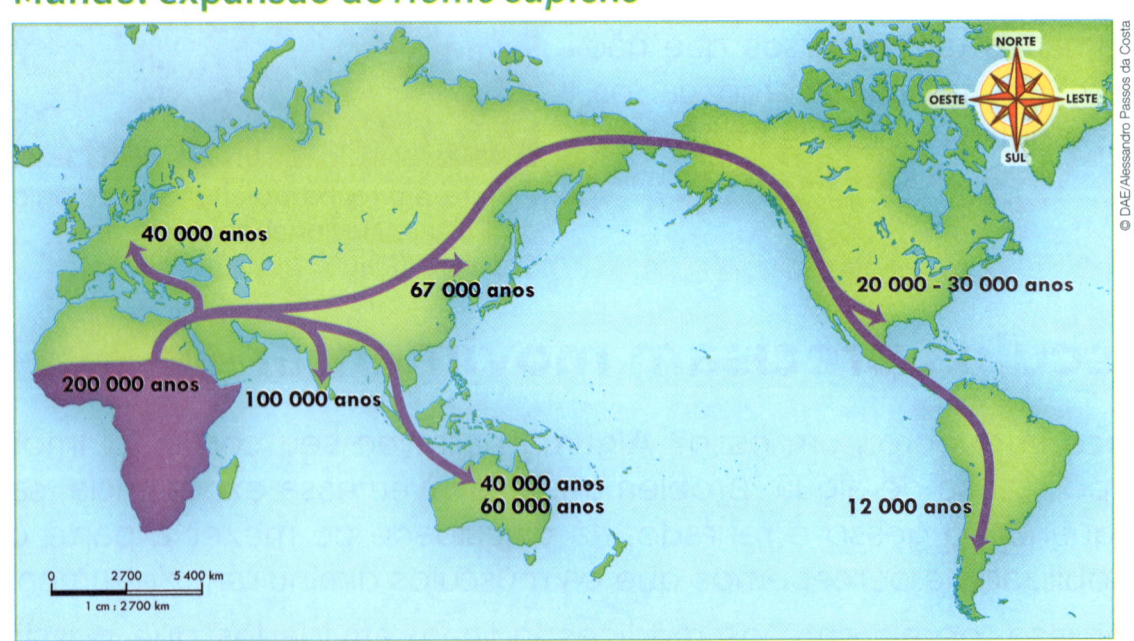

Expansão da espécie humana pelo mundo e há quanto tempo estima-se que ela tenha chegado às diferentes partes do globo.

Mariana Benjamim, *Ciência Hoje das Crianças*. 2010.
Disponível em: <http://chc.org.br/seguindo-passos-do-passado/>. Acesso em: 27 nov. 2017.

Ossos, articulações e músculos

Os movimentos que uma pessoa faz dependem da interação **entre** seus **ossos** e **músculos**. Isso quer dizer que, para ela se deslocar de um lado para outro, por exemplo, músculos e ossos devem trabalhar juntos.

Os ossos são rígidos. Essa característica é importante para que eles deem sustentação ao corpo. São os ossos que permitem que a pessoa fique em pé.

O conjunto de ossos recebe o nome de **esqueleto**. Entre os ossos existem **articulações**. Essas estruturas são fundamentais na execução dos movimentos. Sem elas, as pessoas andariam como robôs.

No entanto, os ossos sozinhos não possibilitam a realização dos movimentos. Os músculos são necessários, pois são eles que puxam os ossos.

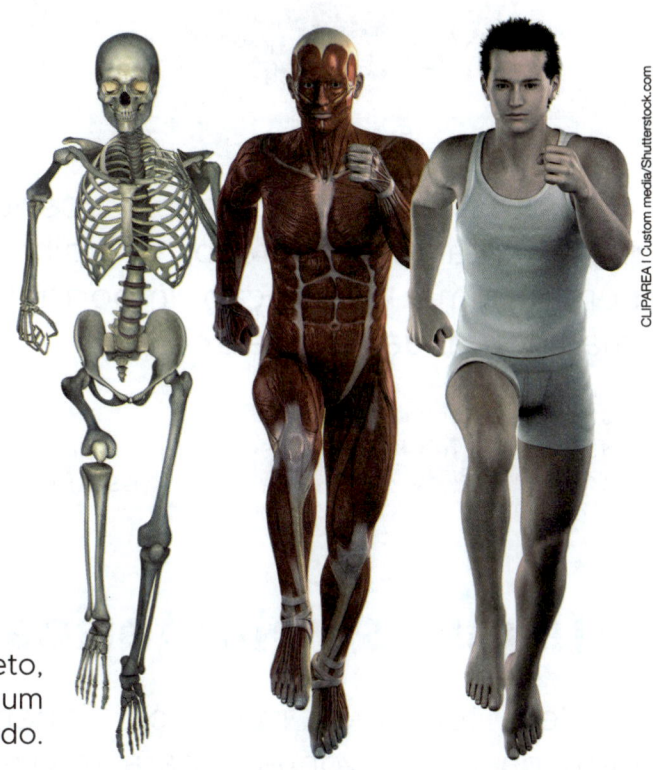

Representação do esqueleto, musculatura e corpo de um homem correndo.

Realização dos movimentos

Os movimentos do corpo acontecem pela ação conjunta de músculos e ossos.

Quer ver como isso ocorre? Faça como a criança da fotografia: coloque a mão direita sobre o músculo do braço esquerdo e dobre o antebraço. Para o antebraço se aproximar do braço, um músculo se contrai. É por isso que você sente a mão direita sendo "empurrada" para cima. Quando o antebraço é esticado, entra em ação outro músculo, que fica na parte de trás do braço.

Flexão do antebraço.

Se fosse possível enxergar o que acontece com os músculos e com os ossos, observe o que seria visto:

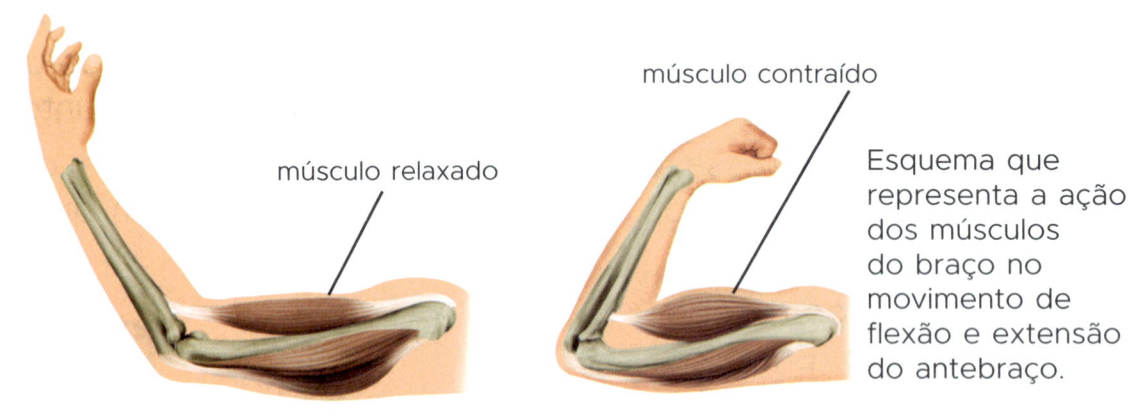

músculo relaxado

músculo contraído

Esquema que representa a ação dos músculos do braço no movimento de flexão e extensão do antebraço.

Extensão.

Flexão.

A articulação do cotovelo possibilitou movimentar o antebraço. O joelho também é uma articulação importante. Já imaginou andar sem ele?

As cores e as proporções entre as estruturas representadas não são as reais.

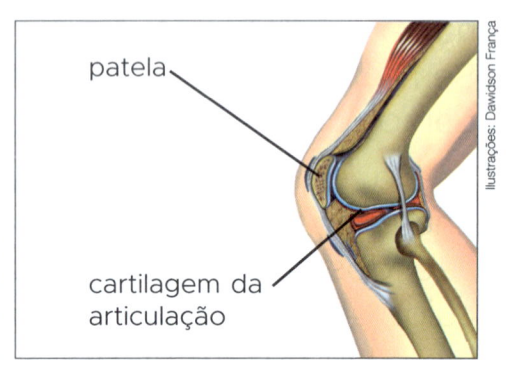

patela

cartilagem da articulação

Ilustrações: Dawidson França

Representação simplificada das estruturas internas do joelho.

Músculos voluntários e involuntários

Nem todos os músculos dependem da nossa vontade para realizar sua atividade. Se não fosse assim, como poderíamos controlar nossa respiração, batimentos cardíacos e outras funções enquanto estivéssemos dormindo ou simplesmente distraídos?

O corpo tem dois tipos de músculo: os **voluntários**, como os dos braços e pernas; e os **involuntários**, como os do intestino e coração. Exis-

Verkoka/Dreamstime.com

Podemos controlar a respiração quando mergulhamos.

tem órgãos com os dois tipos de músculos. É o caso do diafragma, que controla a respiração. O fato de ser voluntário permite que uma pessoa segure a respiração quando mergulha na piscina e, depois, volte a respirar involuntariamente quando volta à superfície.

O deslocamento de outros animais

Assim como os seres humanos, os demais animais vertebrados se deslocam no ambiente graças à ação de esqueleto, músculos e articulações.

A imagem ao lado mostra o esqueleto de um galo, que é **interno**.

E como os animais invertebrados se locomovem?

Conte suas ideias aos colegas e ao professor.

Alguns grupos de animais, como os insetos e as aranhas, têm esqueleto **externo**. Outros, como a estrela-do-mar, têm esqueleto interno. O esqueleto dos invertebrados não é feito de ossos.

As cores e as proporções entre as estruturas representadas não são as reais.

Luiz Eugenio

Esqueleto de galo. A sombra indica a presença da musculatura e de outras estruturas, como pele e penas, que recobrem o esqueleto.

Joaninha.

Aranha.

Estrela-do-mar.

Alguns animais que não têm esqueleto, como a minhoca, a lesma e o polvo, dependem somente da musculatura para se deslocar no ambiente.

Minhoca.

Polvo.

Lesma.

Animais que não se locomovem

Ainda que pareçam plantas, os corais são colônias formadas por animais aquáticos que vivem fixos em algum substrato.

Essa comunidade é formada por diversos animais que interagem entre si para obter alimento, proteção ou para se reproduzir.

Pense na seguinte questão: se esses animais são fixos, como conseguem o alimento de que precisam?

Como são animais aquáticos, os corais **movimentam** os tentáculos, e a água do entorno, com alimento, é direcionada à boca.

As cores utilizadas na ilustração e as dimensões do ser vivo não são as reais.

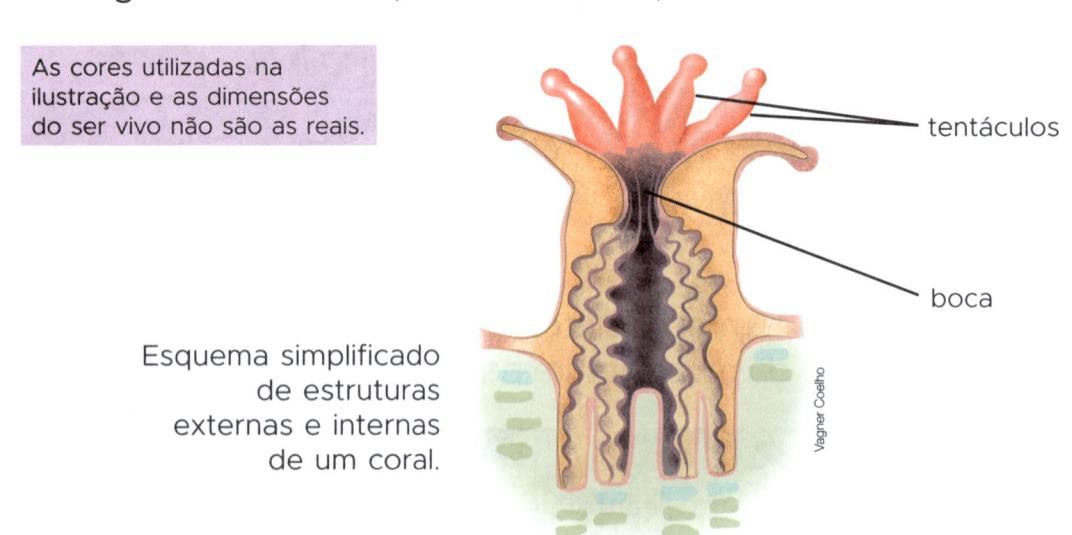

Esquema simplificado de estruturas externas e internas de um coral.

Você percebeu a diferença entre "movimentar-se" e "locomover-se"?

Mesmo fixos, ou seja, sem se locomover, os corais executam movimentos; no caso, o movimento dos tentáculos.

🌿 O movimento das plantas

Você já sabe que as plantas produzem o próprio alimento. Então, elas não precisam se deslocar para encontrar comida. No entanto, as plantas se movimentam. Observe nas imagens o que acontece com as folhas dessa planta quando elas são tocadas.

A *Mimosa pudica* reage a estímulos mecânicos movimentando as folhas.

E esse inseto, como ficou preso aí?

Em resposta ao toque feito pelo animal na folha, a planta carnívora do gênero *Dionaea* aprisiona o inseto com suas folhas articuladas.

Nem sempre os movimentos das plantas são rápidos e evidentes.

O girassol movimenta-se direcionado pela luz solar.

Atividades

1. As frases da coluna da esquerda referem-se a situações que poderiam ocorrer em um ser humano. Leia-as atentamente e ligue-as às frases da coluna da direita.

Imagine o que aconteceria se uma pessoa só tivesse ossos.	O corpo da pessoa não ficaria em pé e se mexeria, mas não conseguiria sair do lugar.
Imagine o que aconteceria se uma pessoa não tivesse ossos, mas tivesse músculos.	A pessoa ficaria imóvel, como uma estátua.
Imagine o que aconteceria se os ossos não fossem articulados.	O esqueleto ficaria em pé, mas não se mexeria nem se locomoveria.

2. Complete as frases de acordo com o que você estudou do movimento dos animais.

a) Os animais _____ interagem com o ambiente, mas não se locomovem.

b) As plantas são seres vivos que não se deslocam. No entanto, elas executam _____ em resposta a estímulos do ambiente.

3. Relacione as colunas.

A planta carnívora (dioneia)   **B** onça-pintada   **C** tubarão

☐ Carnívoro que se movimenta na água e que pode nadar em alta velocidade quando localiza a presa.

☐ Complementa a alimentação capturando insetos entre suas folhas articuladas.

☐ Seus membros permitem que capture a presa correndo em grande velocidade.

O que estudamos

- A maioria dos animais locomove-se pelo ambiente para conseguir alimento, água e abrigo.
- Os ossos e os músculos são fundamentais para a realização dos movimentos. Os músculos puxam os ossos.
- O conjunto de ossos recebe o nome de esqueleto. Entre os ossos, existem as articulações.
- No corpo, há músculos voluntários, como os dos braços e das pernas, e músculos involuntários, como os do intestino e do coração.
- Todos os animais vertebrados têm esqueleto interno.
- Entre os invertebrados, há animais de esqueleto externo, esqueleto interno e animais sem esqueleto.
- Alguns desses animais se deslocam lentamente, outros são velozes.
- Há animais que vivem fixos em algum substrato. Eles se alimentam por meio da circulação de água no interior do corpo.
- As plantas não se deslocam no ambiente, mas fazem alguns movimentos em resposta a estímulos.

As abelhas precisam se locomover para coletar o néctar das flores.

2 cm

1. Preencha os diagramas com as palavras que faltam nas frases.

a) O ⬚⬚⬚⬚⬚⬚⬚⬚⬚⬚ interno sustenta o corpo e permite o deslocamento dos animais vertebrados.

b) Os ⬚⬚⬚⬚⬚⬚⬚⬚ puxam o osso ao qual estão ligados.

c) O ombro e o cotovelo são duas
⬚⬚⬚⬚⬚⬚⬚⬚⬚⬚⬚⬚⬚⬚.

2. Relacione:

A Musculatura voluntária

B Musculatura involuntária

⬚ Musculatura que permite às pessoas andar pela rua.

⬚ Quando estamos dormindo, essa musculatura garante que órgãos vitais continuem em atividade.

3. Assinale **V** para verdadeiro e **F** para falso.

⬚ Quando quebramos o braço, o médico pode recomendar um longo período de imobilização.

⬚ Após longo período imobilizado, o osso da perna se recupera e a musculatura permanece inalterada.

⬚ Um astronauta que volta de uma longa missão espacial precisa reabilitar sua musculatura.

⬚ Os primeiros seres humanos deixaram registradas nas cavernas atividades que dependiam de deslocamento.

⬚ Os vegetais não fazem nenhum tipo de movimento.

4. Observe as imagens. Qual planta realizou um movimento em resposta a algum estímulo do ambiente? Marque com **X** a alternativa correta.

☐ Somente a planta **A**, porque ela cresce em direção à luz que entra pela janela.

☐ Somente a planta **B**, porque ela se fecha quando tocada.

☐ As plantas **A** e **B** movimentam-se em reação a estímulos do ambiente.

• Escreva uma legenda para explicar cada uma dessas fotografias.

_____

_____

_____

_____

_____

_____

Construir um mundo melhor

🌿 Prática de esportes!

O corpo precisa movimentar-se. Além de ajudar no crescimento, você sabia que praticar esportes ajuda a pessoa a viver melhor?

Você sabia que uma criança pode ter saúde, inteligência, memória, disciplina e autoestima apenas praticando esportes? Há estudos que demonstram que a criança que pratica atividade física regularmente torna-se mais saudável e tem bom desempenho escolar, fica longe das drogas e da obesidade e tende a desenvolver mais a inteligência e a memória. Isso porque a prática de esportes contribui para o desenvolvimento da parte do cérebro responsável pela área da memória e do aprendizado.

Os esportes coletivos, por exemplo, trazem ainda outros benefícios para a criança. No convívio com outras crianças, ela perde a timidez e ganha autoconfiança. Além disso, vivencia situações de perdas e ganhos, tendo a oportunidade de ficar menos egoísta e mais perseverante.

Praticar esportes coletivos é bom para o desenvolvimento motor e social das crianças.

O importante é que a criança escolha o esporte favorito e aquele em que tem **aptidão**.

Aptidão: característica da pessoa que é apta a realizar algo, ou seja, capaz de fazê-lo.

Vamos investigar que outros esportes coletivos podem ser praticados nas escolas!

O que fazer

A turma deverá pesquisar os diversos esportes coletivos praticados nas escolas do Brasil e do mundo.

Com quem fazer

Os alunos da turma deverão ser organizados em grupos de quatro componentes.

Como fazer

Cada grupo deverá pesquisar duas modalidades de esportes coletivos: uma que seja praticada na escola e outra que não seja. Para ambos os esportes será importante procurar informações sobre:

- a origem;
- as regras;
- as vantagens e riscos para seus praticantes.

Selecionem imagens e, se possível, filmes sobre esses esportes. Pesquisem tudo o que pode trazer mais informações a respeito deles. E lembrem-se de que essas informações devem incluir: especificações para a área em que será desenvolvido; adaptações para estudantes com deficiências físicas, da turma ou da escola, e outras informações que possam contribuir para a realização desses esportes na escola.

Os grupos poderão fazer cartazes, produzir vídeos ou montar uma representação teatral. É importante ter em mente que um cartaz deve conter mais imagens do que textos, ter cores atraentes e um título que já apresente o esporte em questão. Se possível, reúna seu grupo a fim de fazer fotografias do esporte para ilustrar os cartazes.

Apresentando o que foi feito

A divulgação dos resultados dos estudos poderá incluir exposição dos cartazes, apresentação de vídeos e/ou representação dos esportes escolhidos. Caso faltem materiais importantes para a prática de algum dos esportes selecionados pela turma, sugiram a organização de uma campanha para auxiliar a escola a conseguir esses materiais.

 **Periscópio**

📖 Para ler

Eu me mexo, de Mandy Suhr e Mike Gordon. São Paulo: Scipione, 2008.
Divertida apresentação de informações sobre o corpo humano e como ele se movimenta.

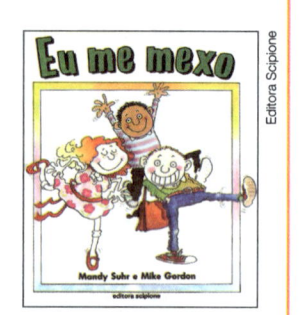

Baleia, de Helen Keith e Dee Costello. Jandira: Ciranda Cultural, 2011. (Coleção Monte o Esqueleto).
Esse livro traz informações sobre a baleia-azul e também um esqueleto desse animal para a criança montar.

O grande livro animado do Corpo humano, de Robert Barborini e Hedelin Pascale. Barueri: Impala, 2008.
Livro interativo com curiosidades sobre o corpo humano. Ao levantar abas e abrir janelas, a criança participa do processo de descoberta das informações.

▶ Para assistir

A Era do Gelo 2, direção de Carlos Saldanha, 2006.
Um mamute, um bicho-preguiça e um tigre, muito amigos, ajudam outros animais a escapar dos perigos do fim da Era Glacial.

Localização no tempo e no espaço

Observe atentamente as imagens a seguir. Depois circule cinco situações diferentes entre elas.

Ilustrações: Marcos de Mello

Localização no espaço

Lili queria visitar uma amiga da escola. Como era um pouco longe, pediu ao pai que fosse com ela.

Cristiano Lopez

 Pense e converse

• O que o pai de Lili quis dizer com "ponto de referência"? Comente suas ideias com os colegas e o professor.

O Sol como ponto de referência

Para chegar a um local que não conhece, você precisa de um endereço. Com essa informação, é possível localizar a residência de alguém, um restaurante, uma biblioteca ou uma loja, por exemplo.

O endereço completo traz o nome do logradouro (avenida, rua, travessa, praça), do bairro, da cidade e do estado. Ele também indica o número e o código de endereçamento postal (CEP).

Cartão fictício com endereço de restaurante.

E quando você não tem o endereço exato do local aonde deseja ir? Como pode chegar lá? Para essa situação, recorre-se aos pontos de referência. São lugares que chamam a atenção e se destacam perto do local aonde você precisa ir, ajudando a localizar o endereço, como uma padaria, uma banca de jornal, um ponto de ônibus, entre outros.

Pense de novo na resposta que você deu à pergunta da página 142. Você entendeu o que o pai de Lili quis dizer quando sugeriu que um ponto de referência poderia ajudar a localizar a casa da amiga da filha?

Mas o que fazer para se localizar onde não há pontos de referência como esses? É o caso de quem está no oceano, por exemplo. Ali é possível usar o Sol como ponto de referência. Quer ver?

Você já deve ter reparado que todos os dias o Sol surge de um lado do horizonte e se põe no lado oposto. O lado do **nascente** do Sol, em que ele surge, é o **leste**. O lado em que o Sol se põe – o **poente** ou **ocaso** – é o **oeste**.

Sequência de fotografias que mostra a trajetória aparente do Sol ao longo do dia: **1.** nascer do Sol; **2.** meio-dia; **3.** pôr do Sol. Santo Antônio do Pinhal, São Paulo, 2017.

O caminho que o Sol parece percorrer no céu chama-se **trajetória aparente do Sol**.

1. No espaço abaixo faça um desenho simplificado do trajeto que você percorre da sua casa até a escola.

2. Existe algum ponto de referência próximo à porta da escola? Se sim, qual é esse ponto de referência?

_____

Norte, sul, leste e oeste: os pontos cardeais

Além do leste e do oeste, há outros pontos de orientação: o **norte** e o **sul**.

Norte, sul, leste e oeste são chamados pontos cardeais por serem os principais pontos de referência. Por meio deles é possível localizar qualquer lugar sobre a superfície da Terra.

O norte e o sul apontam na direção dos polos terrestres. O leste e o oeste apontam para o lado do nascer e do pôr do Sol e cruzam a linha norte-sul. Veja a imagem ao lado.

Representação do globo terrestre que indica os pontos cardeais.

Determinação dos pontos cardeais

Com base na localização dos lados leste e oeste, é possível localizar o norte e o sul. A turma vai com o professor para o pátio da escola realizar esta atividade.

1. Estenda o braço direito para o lugar onde o Sol nasce. Esse é o lado leste.

2. Agora estenda o braço esquerdo. Ele deve estar apontando para o lado oposto. Este é o lado oeste.

3. O lado norte estará à sua frente, e o lado sul, por consequência, estará às suas costas.

Existem outras formas de indicar os lados dos pontos cardeais. Uma delas usa uma haste chamada **gnômon**.

1. Fixe a haste perpendicularmente no chão.

2. Faça uma circunferência tendo a haste como centro. O raio da circunferência deve ser igual à metade da altura da haste.

3. Assinale com um **X** os pontos em que a sombra da ponta da haste toca na circunferência. Esses dois momentos acontecerão aproximadamente às 9 h e às 15 h.

4. Trace uma linha passando pelos dois pontos marcados com **X**. Essa linha indicará a direção leste-oeste.

5. Trace uma linha perpendicular à anterior. Essa linha indicará a direção norte-sul.

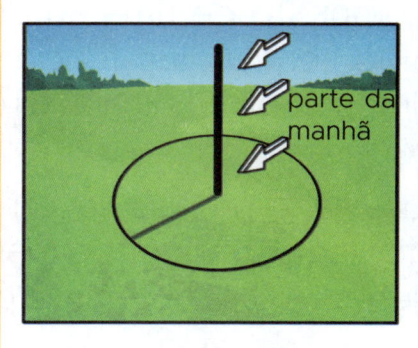
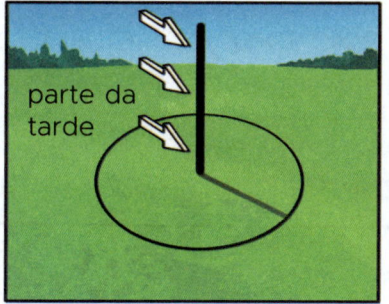
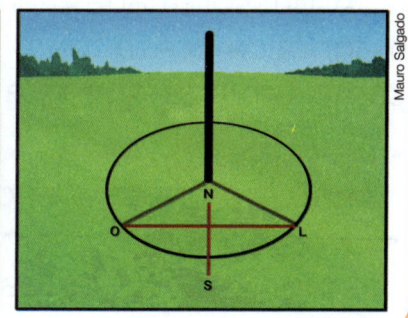

Os estudiosos acreditam que o gnômon, uma estaca vertical posicionada sobre o solo, tenha sido o primeiro instrumento utilizado pelos ancestrais como relógio.

Relógio de Sol antigo. Tarragona, Espanha, sem data.

A bússola

É possível viajar orientando-se pela posição do Sol e usando como pontos de referência montanhas e rios. Mas essas formas de orientação só são utilizadas em casos em que não é possível utilizar a **bússola**, um instrumento inventado pelos chineses no século X.

A bússola sempre indica a direção norte-sul.

Como a bússola funciona?

A bússola nada mais é que um aparelho composto de uma agulha magnética presa a um eixo fixo, posicionado no centro, que funciona como um ímã que gira livremente. Essa agulha sempre indica a direção norte-sul.

Para compreender o funcionamento da bússola, é preciso recorrer ao comportamento dos ímãs, que são usados com frequência para prender papéis na geladeira e em outros objetos feitos de ferro e de alguns metais.

Todo ímã apresenta dois polos magnéticos: o norte (N) e o sul (S). Se você aproximar dois ímãs, podem acontecer duas situações: ou eles vão se atrair ou vão se repelir. Observe:

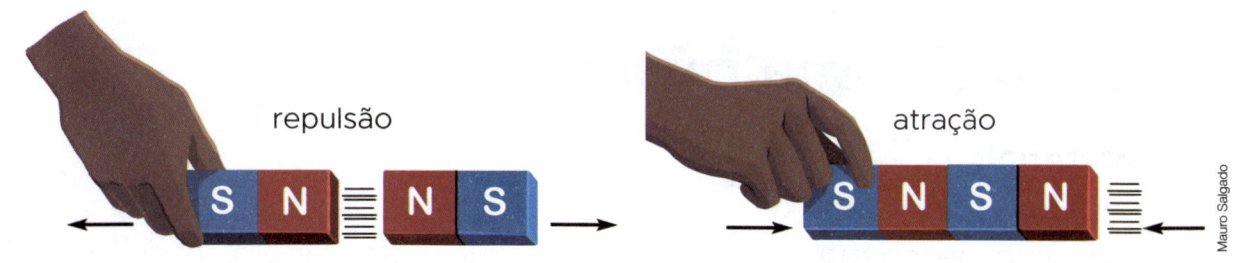

Polos iguais se repelem (repulsão) e polos diferentes se atraem (atração).

E o que isso tem a ver com a posição da agulha da bússola?

É que a Terra é como um gigantesco ímã, pois tem polos magnéticos – o Norte e o Sul. Esses polos não estão sobrepostos aos polos geográficos, mas próximos a eles.

Essa diferença de posição ocorre porque são oriundas de dois fenômenos distintos: movimentação da Terra (polos geográficos) e campo magnético da Terra (polos magnéticos).

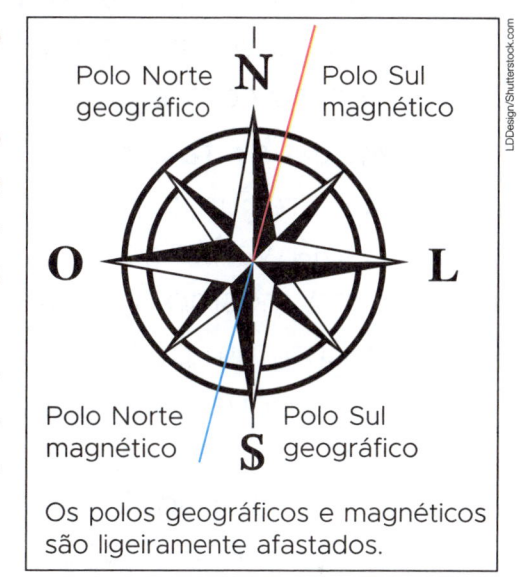

Os polos geográficos e magnéticos são ligeiramente afastados.

Além disso, como polos opostos se atraem, convencionou-se que o Polo Sul magnético está próximo do Polo Norte geográfico, e o Polo Norte magnético está próximo do Polo Sul geográfico.

Atividade

1. Se uma bússola for colocada ao lado de um ímã, que posição a agulha da bússola indicará? Assinale a alternativa correta:

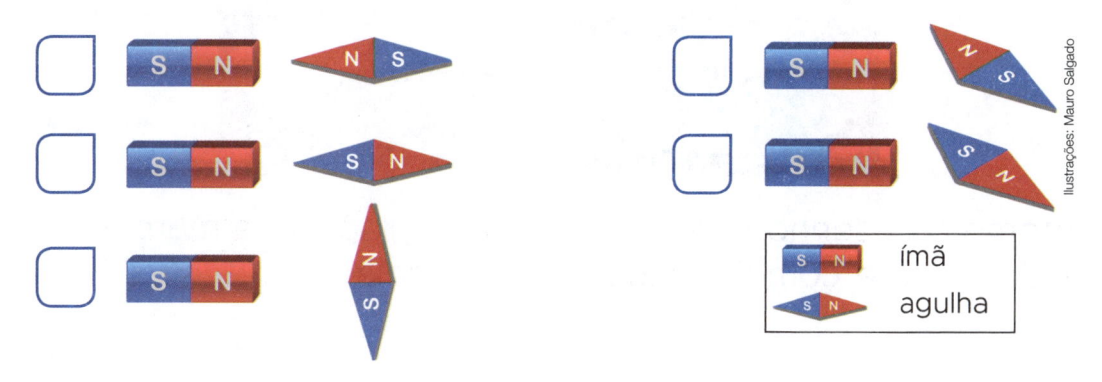

Construir uma bússola

Material:

- ímã;
- agulha de costura;
- rodela de rolha de cortiça;
- fita adesiva e etiqueta;
- prato com água.

Modo de fazer

1. Esfregue a ponta da agulha em uma das extremidades do ímã várias vezes. É importante fazer o movimento sempre no mesmo sentido. Não faça movimentos de ida e volta.

2. Com um pedaço de fita adesiva, fixe a agulha sobre a rolha.

3. Coloque a rolha com a agulha no prato com água (a rolha deve ficar em cima).

4. Como a agulha está imantada, a rolha vai girar na água até parar com a agulha orientada na direção norte-sul. Para saber qual das extremidades da agulha aponta para o norte, oriente-se pelo nascente do Sol.

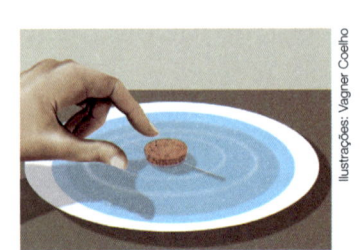

Ilustrações: Vagner Coelho

Retome o desenho que você fez na página 144 e marque com **N** o lado norte e com **S** o lado sul da escola.

1. Depois de três meses, ao repetir a atividade do gnômon, a turma do 4º ano observou variações na posição dos lados leste e oeste. Observe os resultados:

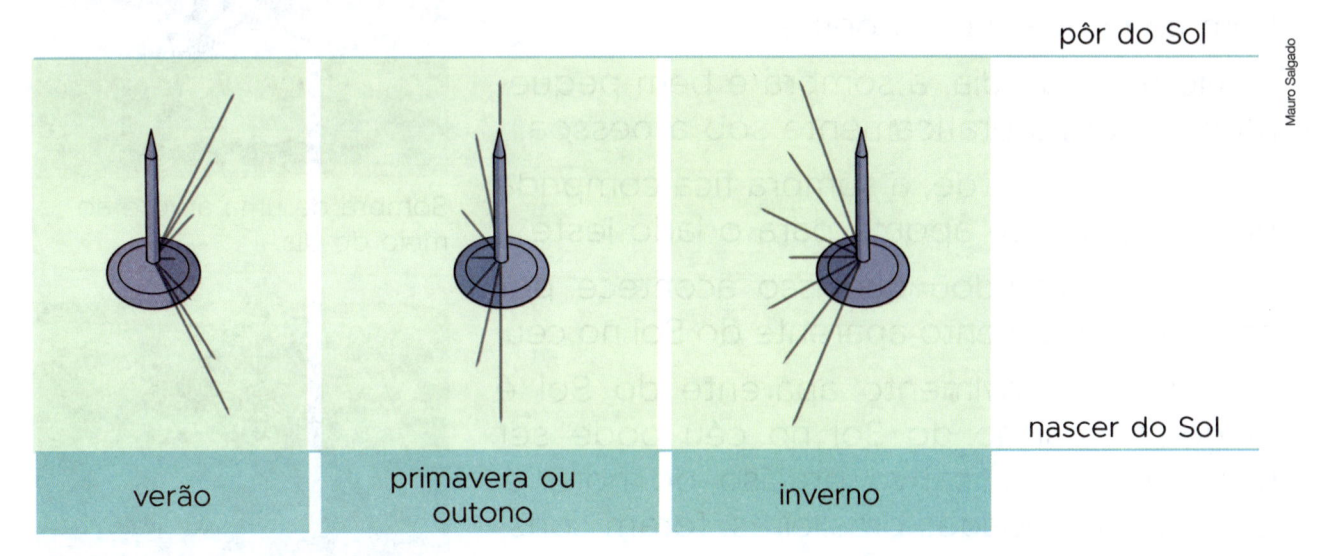

pôr do Sol

nascer do Sol

verão

primavera ou outono

inverno

Os alunos ficaram intrigados, e o professor disse que isso era esperado. Converse com os colegas e o professor sobre a questão a seguir:

• Por que era esperada a variação da marcação do lado leste e do lado oeste? Escreva o que vocês concluíram.

_____

_____

_____

_____

2. A turma, ficando exatamente no mesmo lugar, também repetiu a atividade com a bússola. Houve variação no resultado? Por quê?

_____

_____

_____

_____

Localização no tempo

Assim como acontece com o gnômon, sua sombra muda de tamanho ao longo do dia. De manhã cedo, forma-se uma sombra bem comprida para o oeste.

No meio do dia, a sombra é bem pequena e se forma praticamente sob a pessoa.

No final da tarde, a sombra fica comprida de novo, só que aponta para o lado leste.

Você já estudou que isso acontece por causa do movimento aparente do Sol no céu.

Como o movimento aparente do Sol é diário, a posição do Sol no céu pode ser usada como indicativo preciso do horário. Em algumas cidades brasileiras, foram construídos **relógios de Sol**, que utilizam a projeção das sombras para mostrar o horário.

Sombra de uma árvore ao meio do dia.

Sombra de pessoas ao final da tarde.

Relógio de Sol. Domingos Martins, Espírito Santo, 2014.

Relógio de Sol. Pelotas, Rio Grande do Sul, 2012.

É importante ainda considerar que, ao longo do ano, a hora solar pode ser um pouquinho diferente da hora marcada nos relógios convencionais. Essa diferença ocorre porque o movimento da Terra em torno do Sol não é uniforme. A hora indicada pelo relógio solar pode estar mais adiantada em alguns dias do ano. Em outros dias, essa hora pode ser mais atrasada que a hora marcada nos relógios mecânicos ou eletrônicos.

# A Lua

Você já reparou na aparência da Lua no céu? Se observá-la por noites seguidas, verá que ela muda de aparência ou aspecto. Depois do dia em que aparece bem redonda e brilhante, a parte visível da Lua vai diminuindo de tamanho, ou seja, minguando, até o dia em que ela não pode mais ser vista no céu à noite.

No decorrer dos dias, a parte visível da Lua volta a crescer, até que ela aparece inteira novamente. Observe o calendário abaixo, que mostra as fases da Lua no mês de setembro de 2019. Cada uma dessas imagens mostra uma fase da Lua.

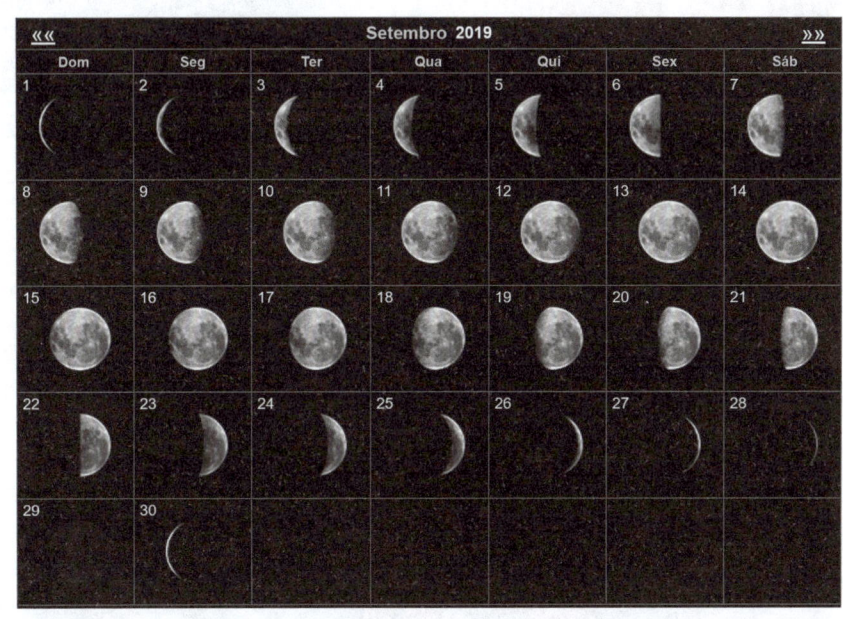

Calendário mostrando as mudanças da Lua ao longo do mês de setembro de 2019 para observador localizado no Hemisfério Sul.

Fonte: MoonConnection.com.

Esse ciclo que acontece com a Lua tem duração aproximada de um mês (29 dias e meio). Nele, quatro fases recebem nomes especiais.

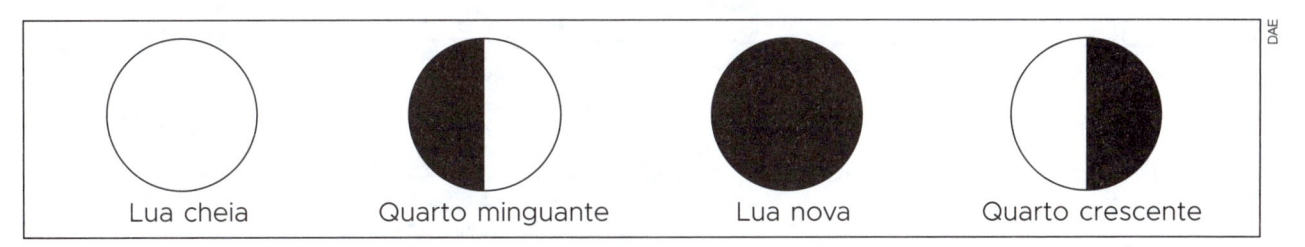

Esquema mostrando quatro fases da Lua. A parte branca representa a parte iluminada e visível da Lua.

No dia 6 ocorre a Lua quarto crescente, no dia 14, a Lua cheia, dia 22 a Lua quarto minguante e dia 29 a Lua nova.

Os calendários de diversos povos

Os seres humanos observaram que os movimentos do Sol, a aparência da Lua e as estações do ano obedeciam a um ciclo. Perceberam que esses períodos de tempo regulares poderiam ser usados para medir a passagem do tempo, possibilitando a construção de calendários. Veja alguns exemplos.

Povos indígenas da América

De acordo com registros encontrados, há cerca de 4 mil anos, os indígenas já sabiam que os fenômenos naturais, como o ciclo dia e noite, as marés e as estações do ano, repetiam-se. Eles também perceberam que esses fenômenos interferiam na vida de outros seres vivos e, por meio desse conhecimento, sabiam o melhor momento para pescar, caçar e colher, e até a época em que deviam organizar suas celebrações.

Para o povo suyá, por exemplo, que vive no Parque Indígena do Xingu, a passagem do tempo está associada à agricultura e aos fenômenos naturais, como a chuva e o frio.

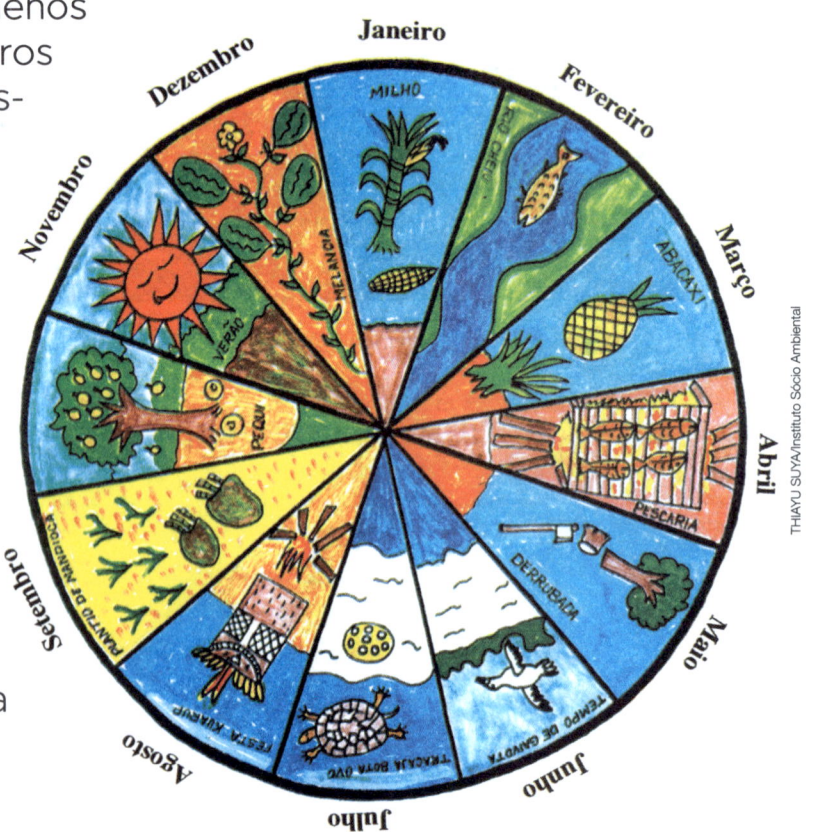

CALENDÁRIO INDÍGENA

Calendário suyá, criado por professores indígenas, que mostra a associação entre a passagem do tempo, os fenômenos naturais e as atividades agrícolas.

Calendários

[...]

Existem indícios que mesmo em eras pré-históricas, algumas [pessoas] já se preocupavam em marcar o tempo. Na Europa, há 20 000 anos, caçadores escavavam pequenos orifícios e riscavam traços em pedaços de ossos e madeira, possivelmente contando os dias entre fases da Lua.

Pintura rupestre de cavalo e calendário lunar.

Há 5 000 anos, os **Sumérios** tinham um Calendário bem parecido com o nosso, com um ano dividido em 12 meses de 30 dias, o dia em 12 períodos e cada um desses períodos em 30 partes.

Sumérios: pessoas naturais da Suméria, onde atualmente se localiza o Iraque e o Kuwait.

Há 4 000 anos, na Babilônia, havia um calendário com um ano de 12 meses lunares que se alternavam em 29 e 30 dias, num total de 354 dias.

Os egípcios inicialmente fizeram um calendário baseado nos ciclos lunares, mas depois notaram que quando o Sol se aproximava da "Estrela do Cão" (Sírius), estava próximo do Nilo inundar. Notaram que isso acontecia

Calendário egípcio antigo.

em ciclos de 365 dias. Com base nesse conhecimento eles fizeram um Calendário com um ano de 365 dias, possivelmente inaugurado em 4 236 a.C. Essa é a primeira data registrada na história.

[...]

Renato Las Casas. Calendários. *UFMG – Observatório Astronômico Frei Rosário*, 26 fev. 2002. Disponível em: <www.observatorio.ufmg.br/pas39.htm>. Acesso em: 27 nov. 2017.

1. Observe na figura abaixo as pessoas se preparando para um passeio de balão. Esse passeio foi programado para acontecer bem cedinho, tão logo o Sol nascesse.

Paula Lobo

- Note que o Sol está projetando uma longa sombra no chão. Agora responda:

a) Considerando o que você aprendeu, onde deve estar o leste? Justifique.

_____

_____

b) Os instrutores estão programando visitar alguns pontos próximos. O primeiro local são as montanhas vistas ao fundo. Para que direção eles devem seguir? Justifique.

_____

_____

O que estudamos

- O caminho do Sol no céu chama-se trajetória aparente do Sol.
- Norte, sul, leste e oeste são chamados pontos cardeais por serem os principais pontos de referência.
- Na orientação pelo Sol, estendendo-se o braço direito para onde o Sol nasce, tem-se o lado do nascente (leste); à esquerda, encontra-se o lado do poente ou ocaso (oeste); à frente está o norte e às costas, o sul.
- O gnômon é o nome dado para a haste ou vara utilizada para determinar as direções com base no movimento do Sol.
- A bússola é um instrumento que utiliza os campos magnéticos da Terra para determinar de que lado fica o norte.
- O movimento aparente do Sol faz com que as sombras mudem de tamanho ao longo do dia.
- Os seres humanos, desde os mais antigos registros conhecidos, observavam o céu para medir a passagem do tempo.
- Existem registros da construção de calendários em diferentes culturas ao longo da história da humanidade.

O pôr do Sol é um momento em que podemos perceber a trajetória aparente do Sol.

Veja a tirinha a seguir e responda às questões 1 e 2.

1. Complete a sentença abaixo.

• Cascão usou a antena da casa como _____ de

_____ para explicar ao garoto como achar a

casa do Cebolinha. Caso soubesse, ele também poderia ter infor-

mado ao garoto o _____ completo da casa

do Cebolinha.

2. A tirinha faz uso de uma linguagem cômica, ou seja, que diverte.
Qual é a parte cômica da tirinha? Explique.

_____

_____

3. Escreva **V** para verdadeiro e **F** para falso.

☐ O calendário utilizado no Brasil é idêntico em todos os países
do mundo e não mudou desde a Antiguidade.

☐ Trajetória aparente do Sol é o nome dado ao movimento do
Sol no céu.

☐ O relógio solar não é mais utilizado e só é encontrado em
museus.

4. Observe o gráfico a seguir. Ele representa as medidas da projeção da sombra de um prédio às 7h, 9h e 12h.

Douglas Ferreira

Agora preencha a legenda do gráfico corretamente, considerando o que aprendeu do movimento aparente do Sol.

a) medida da sombra às 7h: _____

b) medida da sombra às 9h: _____

c) medida da sombra ao meio-dia: _____

5. Relacione corretamente:

a) movimento aparente do Sol

b) gnômon

c) bússola

☐ Instrumento que utiliza os campos magnéticos da Terra para determinar o lado onde fica o norte.

☐ Faz com que o tamanho da sombra de um objeto sobre a luz do Sol seja alterado ao longo do dia.

☐ Haste fixa cuja sombra possibilita localizar os lados leste e oeste.

Periscópio

📖 Para ler

Vinte Luas, de Leyla Perrone-Moisés. São Paulo: Companhia das Letras, 1999.

Ao retornar de sua viagem ao Brasil, em 1503-1504, o francês Paulmier de Gonneville teria levado para a França o filho do chefe dos carijós, com a promessa de trazê-lo de volta no prazo de 20 Luas.

Um Longo Dia, de Pilar Ramos. São Paulo: Editora do Brasil, 2008. Coleção Primeiras Leituras.

Um dia inteiro de atividades intensas, o passeio de uma família no qual se aprendem muitas coisas e um merecido descanso à noite. Cada parte que compõe um dia é mostrada para ensinar como ele funciona, desde o nascer do Sol até a hora de dormir.

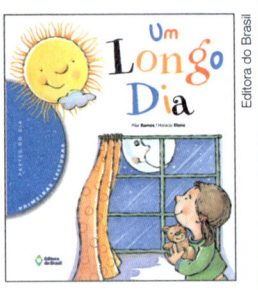

▶ Para assistir

Moana: um mar de aventuras, direção de Ron Clements e John Musker, 2016.

Moana é a filha do chefe de uma tribo motunui que parte em uma jornada, navegando pelo oceano, para tentar salvar o povo de sua tribo.

📍 Para visitar

UFMG – Observatório Astronômico Frei Rosário: o observatório oferece visitas monitoradas para colégios e outros grupos interessados. Nessas visitas é possível, entre outros, visualizar o céu com o uso de telescópios profissionais. Departamento de Física da Universidade Federal de Minas Gerais – UFMG. Serra da Piedade, Caeté, MG. Maiores detalhes em: <www.observatorio.ufmg.br>. Acesso em: 9 jul. 2017.

Referências

ALVAREZ, A. R.; MOTA, J. A. *Sustentabilidade ambiental no Brasil*: biodiversidade, economia e bem-estar humano. Brasília: Ipea, 2010. (Série Eixos Estratégicos do Desenvolvimento Brasileiro, 7).

ATLAS VISUAL DA CIÊNCIA. *Rochas e minerais*. Barcelona; Buenos Aires: Sol 90, 2007.

_____. *Vulcões e terremotos*. Barcelona; Buenos Aires: Sol 90, 2007.

BEGON, M.; TOWNSEND, C.; HARPER, J. *Ecologia*: de indivíduos a ecossistemas. São Paulo: Artmed, 2007.

BEI COMUNICAÇÃO. *Minerais ao alcance de todos*. São Paulo: BEI, 2004.

BIESTY, S. *Conhecer por dentro*. São Paulo: Folha de S.Paulo, 1995.

BRASIL. Instituto Brasileiro de Geografia e Estatística: IBGE. *Atlas de saneamento 2011*. Disponível em: <https://biblioteca.ibge.gov.br/index.php/biblioteca-catalogo?view=detalhes&id=253096>. Acesso em: 10 out. 2017.

BRASIL. Lei nº 12.305, de 2 de agosto de 2010. Institui a Política Nacional de Resíduos Sólidos; altera a Lei nº 9.605, de 12 de fevereiro de 1998; e dá outras providências. *Diário Oficial da República Federativa do Brasil*, Brasília, 3 ago. 2010.

_____. Ministério da Educação. *Base Nacional Comum Curricular*. 3. versão. Brasília: MEC, 2017.

_____. Ministério da Educação. Secretaria de Educação Básica. *A criança de 6 anos, a linguagem escrita e o Ensino Fundamental de nove anos*: orientações para o trabalho com a linguagem escrita em turmas de crianças de seis anos de idade. Belo Horizonte: UFMG; FAE; Ceale, 2009.

_____. Ministério da Saúde. Secretaria de Atenção à Saúde. Departamento de Atenção Básica. *Guia alimentar para a população brasileira*. 2. ed. Brasília: Ministério da Saúde, 2014.

_____. Secretaria de Educação Fundamental. *Elementos conceituais e metodológicos para definição dos direitos de aprendizagem e desenvolvimento do ciclo de alfabetização (1º, 2º e 3º anos) do Ensino Fundamental*. Brasília, 2012.

BRASIL. Secretaria de Educação Fundamental. *Ensino Fundamental de nove anos*: orientações para a inclusão da criança de seis anos de idade. 2. ed. Brasília: MEC, 2007.

_____. Secretaria de Educação Fundamental. *Parâmetros Curriculares Nacionais*: Ciências Naturais. Brasília: MEC, 1997.

BRUSCA, R. C.; BRUSCA, G. J. *Invertebrados*. Rio de Janeiro: Guanabara-Koogan, 2007.

CACHAPUZ, A. et al. (Org.). *A necessária renovação do ensino das ciências*. São Paulo: Cortez, 2011.

CAMPBELL, N. A.; TAYLOR, M. R.; REECE, J. B. *Biology: concepts & connections*. 6. ed. San Francisco: Addison Wesley, 2008.

CAMPOS, M. C. C.; NIGRO, R. *Didática de Ciências*: o ensino e aprendizagem com investigação. São Paulo: FTD, 1999.

_____. *Teoria e prática em Ciências na escola*. São Paulo: FTD, 2010.

CANTO, E. L. *Minerais, minérios, metais*: de onde vêm? Para onde vão? São Paulo: Moderna, 2004.

CARVALHO, A. M. P. de (Org.). *Ensino de Ciências*: unindo a pesquisa e a prática. São Paulo: Thomson Pioneira, 2006.

CIÊNCIA HOJE NA ESCOLA. Rio de Janeiro: Sociedade Brasileira para o Progresso da Ciência, n. 3: Corpo humano e saúde, 2006.

_____. Rio de Janeiro: Sociedade Brasileira para o Progresso da Ciência, n. 10: Geologia, 2006.

_____. Rio de Janeiro: Sociedade Brasileira para o Progresso da Ciência, n. 12: Eletricidade, 2006.

COLL, C. et al. *O construtivismo na sala de aula*. São Paulo: Ática, 2006.

COSTA, F. A. P. L. *Ecologia, evolução & o valor das pequenas coisas*. Juiz de Fora: Editora do Autor, 2003.

COSTA, Larissa; BARRÊTO, Samuel Roiphe (Coord.). *Cadernos de educação ambiental água para vida, água para todos*: livro das águas. Texto: Andrée de Ridder Vieira. Brasília: WWF Brasil, 2006. Disponível em: <www.wwf.org.br/informacoes/bliblioteca/?2986>. Acesso em: 10 out. 2017.

COSTA, M. B. F. O. *Programa, conteúdo e métodos de ensino da disciplina Fundamentos de Física Moderna*. Coimbra, 2011. Disponível em: <https://estudogeral.sib.uc.pt/bitstream/10316/20657/1/Fundamentos%20de%20F%C3%ADsica%20Moderna.pdf>. Acesso em: 10 out. 2017.

DE BONI, L. A. B.; GOLDANI, E. *Introdução clássica à Química Geral*. Porto Alegre: Tchê Química Cons. Educ., 2007.

DELIZOICOV, D.; ANGOTTI, J. A.; PERNAMBUCO, M. *Ensino de Ciências*: fundamentos e métodos. São Paulo: Cortez, 2007.

DEVRIES, R; KAMII, C. *O conhecimento físico na educação pré-escolar*: implicações da teoria de Piaget. Porto Alegre: Artes Médicas, 1984.

DIAS, G. F. *40 contribuições pessoais para a sustentabilidade*. São Paulo: Gaia, 2005.

DINOSSAUROS. Tradução: Marcelo Trotta. São Paulo: Ática, 2009. (Série Atlas Visuais).

EL-HANI, C. N.; VIDEIRA, A. A. P. *O que é vida?* Para entender a biologia do século XXI. Rio de Janeiro: Relume-Dumará; Faperj, 2000.

ESPINOZA, A. M. *Ciências na escola*: novas perspectivas para a formação dos alunos. São Paulo: Ática, 2010.

ESPOSITO, B. P. *Química em casa*: Projeto Ciência. 4. ed. São Paulo: Atual, 2016.

FARIA, Ivan Dutra; MONLEVADE, João Antônio Cabral. Módulo 12: higiene, segurança e educação. In: BRASIL. Ministério da Educação. Secretaria de Educação Básica. *Higiene e segurança nas escolas*. Brasília: Universidade de Brasília, 2008.

FARIA, R. P. *Fundamentos de Astronomia*. Campinas: Papirus, 2001.

GROTZINGER J.; JORDAN T. *Para entender a Terra*. 6. ed. Porto Alegre: Bookman, 2013.

GUERIN, N.; ISERNHAGEN, I. *Plantar, criar e conservar*: unindo produtividade e meio ambiente. São Paulo: Instituto Socioambiental, 2013.

HOFFMANN, J. *Avaliação, mito e desafio*: uma perspectiva construtivista. Porto Alegre: Mediação, 2011.

KRASILCHIK, M.; MARANDINO, M. *Ensino de Ciências e cidadania*. São Paulo: Moderna, 2007.

LEITE, H. F. *Energia e Natureza*. São Paulo: Moderna, 1993. (Coleção Viramundo).

LIMA, V. C.; LIMA, M. R.; MELO, W. F. *O solo no meio ambiente*: abordagem para professores do Ensino Fundamental e Médio e alunos do Ensino Médio. Curitiba: Dep. de Solos e Eng. Agr., 2007.

LLOYD, C. *O que aconteceu na Terra?* Rio de Janeiro: Intrínseca, 2011.

MARGULIS, L.; SCHWARTZ, K. V. *Cinco reinos*: um guia ilustrado dos filos da vida. Rio de Janeiro: Guanabara Koogan, 2001.

NIGRO, R. G. *Ciências*: soluções para dez desafios do professor. 1º ao 3º ano do Ensino Fundamental. São Paulo: Ática, 2011.

POUGH, J. H.; JANIS C. M.; HEISER, J. B. *A vida dos vertebrados*. São Paulo: Atheneu, 2008.

QUÍMICA no dia a dia. *Ciência Hoje na Escola*, Rio de Janeiro: SBPC, v. 6, 1998.

RAVEN, P. H. *Biologia vegetal*. Rio de Janeiro: Guanabara Koogan, 2007.

RIOS, E. P. *Água, vida e energia*. São Paulo: Atual Editora, 2004. (Projeto Ciência).

RUPPERT, E. E.; FOX, R. S.; BARNES, R. D. *Zoologia dos invertebrados*. São Paulo: Roca, 2007.

SILVEIRA, Ghisleine T.; EDNIR, Madza. *Almanaque da Água*. Sabesp: [S.l.], 2008.

SOBOTTA, J. *Atlas de anatomia humana*. 23. ed. Rio de Janeiro: Guanabara Koogan, 2013.

SOCIEDADE BRASILEIRA DE ANATOMIA. *Terminologia anatômica*. Barueri: Manole, 2001.

STORER, T. I.; USINGER, R. L. *Zoologia geral*. São Paulo: Nacional, 2003.

TEIXEIRA, W. et al. *Decifrando a Terra*. São Paulo: Oficina de Textos, 2000.

TOWNSEND, C. R.; BEGON, M.; HARPER, J. L. *Fundamentos em Ecologia*. 3. ed. Porto Alegre: Artmed, 2010.

TUNDISI, H. S. F. *Usos da energia*: sistemas, fontes e alternativas do fogo aos gradientes de temperatura oceânicos. 14 ed. São Paulo: Atual Editora, 2002.

WEISSMANN, H. (Org.). *Didática das ciências naturais*: contribuição e reflexão. Porto Alegre: Artmed, 1998.

ZANELA, C. *Fisiologia humana*. Rio de Janeiro: Seses, 2015.